최신개정

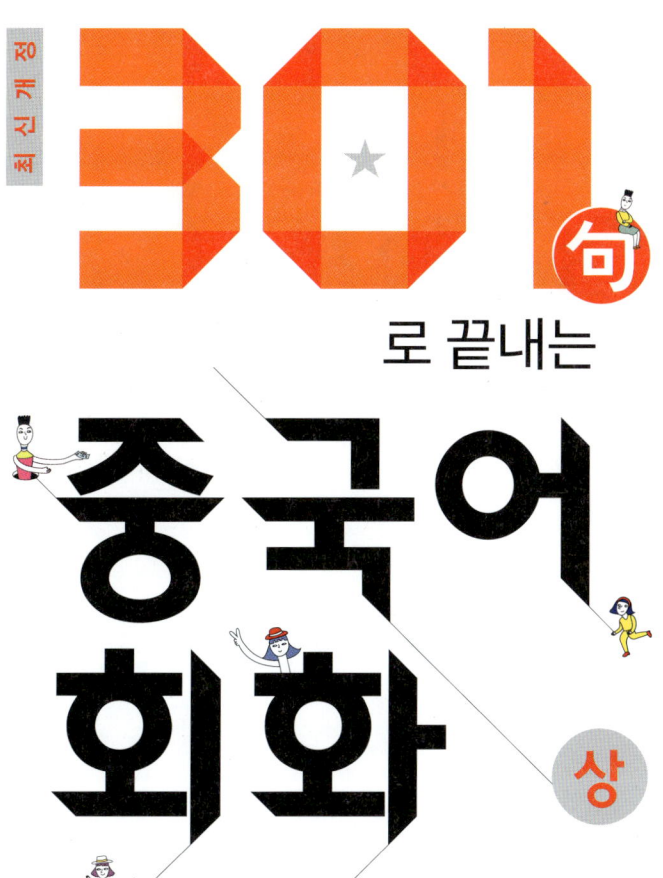

301句로 끝내는 중국어 회화 상

최신개정

301句로 끝내는 중국어 회화 상

베이징대학출판사 편
康玉华·来思平 편저
최용철 편역

다락원

들어가는 말

『최신개정 301句로 끝내는 중국어회화』는

『최신개정 301句로 끝내는 중국어회화(원제: 汉语会话301句_第四版)』는 중국어를 처음 배우는 학습자가 가장 쉽고 효율적으로 중국어를 학습할 수 있도록 돕기 위해 개발된 단기완성 교재이다.

본 교재는 베이징어언대학 康玉华, 来思平 두 교수가 편저하였으며, 베이징어언대학출판사에서 1990년 초판이 출간되었다.

그 후 1998년 제2판, 2005년 제3판이 출간되었고, 한국, 미국, 프랑스, 일본 등 세계 주요 국가에서 번역 출판되고 있는 대표적인 중국어 교재이다. 전 세계에서 가장 많이 판매되고 있는 중국어 교재 중 하나로, 총 판매 부수 200만 권을 돌파하며 오랜 시간 중국어 교재 분야에서 베스트셀러, 스테디셀러의 명성을 유지하고 있다.

좋은 교재는 반복적인 수정을 통해서 만들어진다. 1990년 초판 출간 이후, 이 책은 끊임없는 연구와 자가발전을 통해 거듭 완성도를 높였고, 그 결과 교사에게는 가르치기 가장 좋은 교재이며, 학습자에게는 학습 효과가 가장 좋은 교재라는 평가를 받게 되었다.

이번 제4판의 주요 개정 방향은 크게 2가지로 설명할 수 있다. 첫째, 원래의 기본 표현과 순서는 유지하면서 시대에 뒤떨어진 내용을 수정하는 한편, 현재의 사회생활을 반영할 수 있는 내용으로 교체하였다. 둘째, 교학 내용의 편성에 더욱 공을 들이고, 새 단어 설정과 번역에 세심함을 기울였으며, 어법 구조 해설에 더욱 완벽을 추구하고자 했다.

상·하권 각각 본문 20과와 복습 4과로 이루어져 있으며, 기본 의사소통 학습을 위한 다양한 소재와 400여 개의 단어, 기초 중국어 문법을 다루고 있다. 각 과는 301句, 새 단어, 본문 회화, 확장 표현, 어법 설명, 연습 문제의 6가지 부분으로 구성되어 있다.

이 책은 현대 중국어에서 가장 빈번하게, 가장 기본적으로 사용되는 문장들을 다루어 일상생활에서 쉽게 활용할 수 있도록 했다. 이를 통해 학습자들은 단기간에 기본 회화 301句에 능통하게 되고, 이 기본 위에 다시 응용, 확장 연습을 통해 중국인과 자연스러운 의사소통이 가능하게 됨으로써 중국어 학습을 위한 확고한 기초를 다질 수 있을 것이다.

『최신개정 301句로 끝내는 중국어회화』는 원서의 특장점은 살리면서, 현재 한국 학습자의 언어 학습 환경에 가장 적합하게 만들고자 고심을 거듭하여 출간되었다. 원서에는 없는 쓰기노트와 미니북을 별책으로 추가 구성하였고, 중국 문화에 대한 이해도를 높이기 위해 본서에 문화 코너를 새로 넣었다. 또한, 예문에 한어병음과 해석을 함께 표기하고, 모든 문제에 모범답안을 제시해 학습 효율을 최대한 높이고자 하였다. 음원 트랙 역시 더욱 세분화하여 학습자의 편의를 최우선으로 하였다. 구판에서 제기되었던 몇몇 문제점을 극복하고, 한국 교수 현장에 최적화될 수 있도록 기획하고 준비한 만큼, 이 책을 사용하는 선생님들과 학습자 모두에게 더욱 사랑받는 교재로 거듭나길 바란다.

다락원 편집부

이 책의 구성 및 활용법

301句

각 과에서 꼭 익혀야 하는 핵심 문장입니다. 문장을 통째로 외울 수 있을 때까지 녹음을 반복해서 듣고 따라 말하는 연습을 합니다. 새 단어 학습 전 내용을 훑어 보고, 새 단어 학습 후 의미를 파악하고, 회화로 배우기, 표현으로 확장하기, 어법으로 내공쌓기, 문제로 실력 다지기 코너를 통해 301句에 제시된 문장을 완벽히 내 것으로 만들 수 있도록 합니다.

회화로 배우기

같은 주제, 다른 상황의 회화가 2~3개 나옵니다. 녹음을 듣고 앞에서 배운 새 단어를 활용해 문장의 의미를 파악합니다. 짝꿍과 본문의 역할을 나누어 읽어 보고, 다시 바꿔서 읽어 보며 입에 붙을 때까지 반복 연습합니다. 독학 학습자는 녹음 파일을 들으며 대화 연습을 해 봅니다.

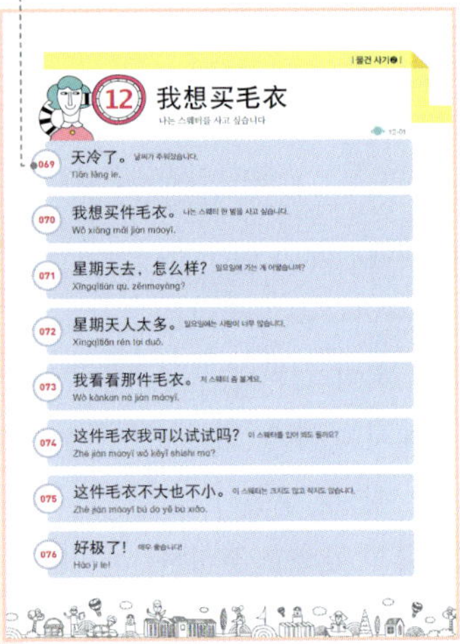

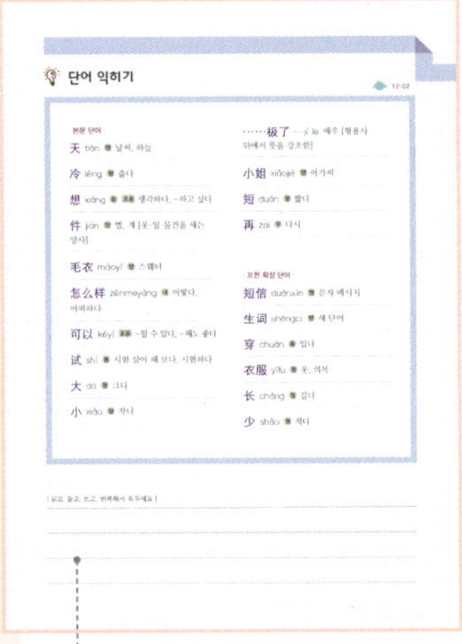

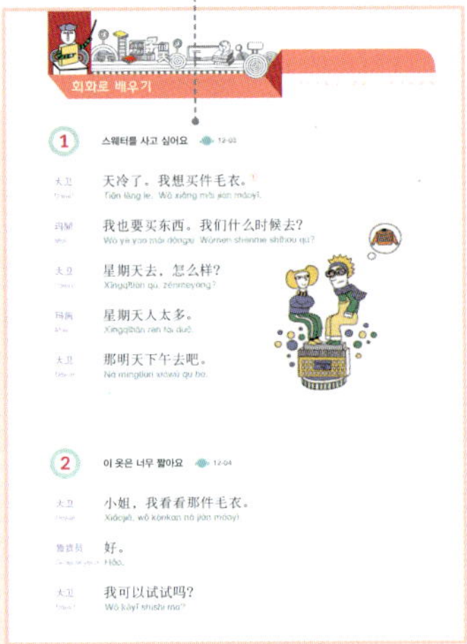

단어 익히기

새로 나온 단어를 학습합니다. '본문 단어'를 먼저 학습하고, 이어서 '표현 확장 단어'를 학습합니다. 단어를 결합해 짧은 구문이나 문장을 만들어 연습하면 더 쉽게 기억할 수 있습니다. 특별부록 간체자쓰기 노트를 활용하여 쓰면서 외우고, 받아쓰기 노트를 통해 암기한 단어를 확인합니다.

이 책은 본문 20과와 복습 4과로 구성되어 있습니다. 각 과는 **301句 – 단어 익히기 – 회화로 배우기 – 표현으로 확장하기 – 어법으로 내공쌓기 – 문제로 실력다지기** 순서로 이루어져 있습니다.

표현으로 확장하기

응용 표현

응용 표현에서 다루는 문장들은 각 과의 핵심 구문입니다. 본문에 등장한 기본 문장을 새로운 어휘로 교체 연습하며 다양한 응용 표현을 익혀 봅니다.

어법으로 내공쌓기

본문을 이해하기 위한 중국어의 주요 문장 구조와 어휘, 고정구문 등을 학습합니다. 제시된 어법 설명을 숙지하고, 예문을 통해 다양한 활용법을 익힙니다.

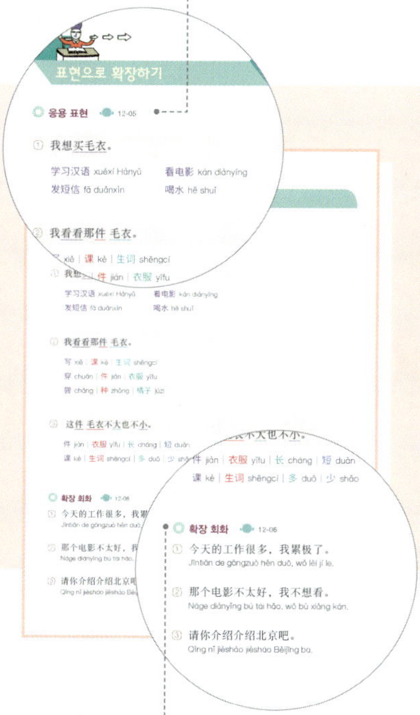

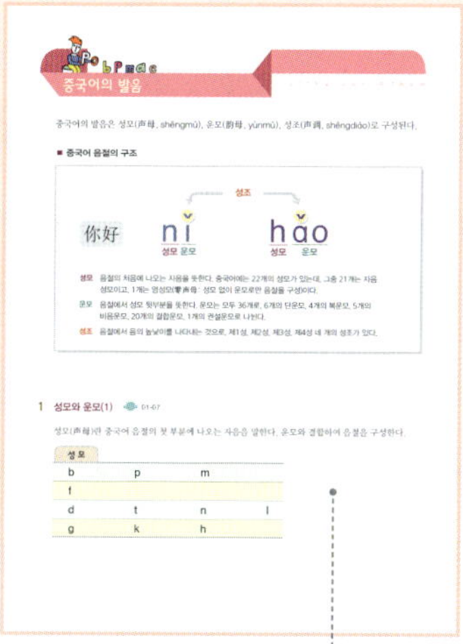

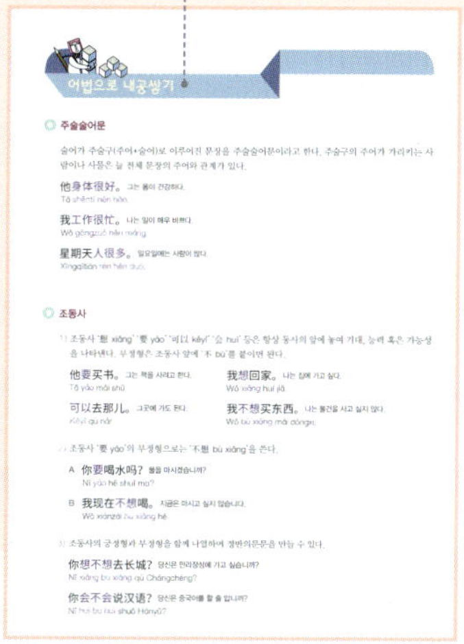

확장 회화

본문 회화에서 좀 더 확장된 문장을 익혀 봅니다. 다양한 표현 연습을 통해 의사소통 능력을 향상시킬 수 있습니다.

중국어의 발음

1~3과에서는 중국어의 발음을 중점적으로 학습합니다. 중국어 발음의 기본이 되는 성모, 운모, 성조를 순차적으로 학습하며 중국어를 처음 접하는 학습자들도 중국어의 발음을 쉽게 익힐 수 있습니다.

문제로 실력다지기

다양한 유형의 문제를 풀며 배운 내용을 되새김하고 학습 성과를 점검합니다. 읽기, 쓰기, 듣기, 말하기, 발음하기 문제 중에서 학습자 스스로가 부족한 영역을 보충하여 연습할 수 있습니다.

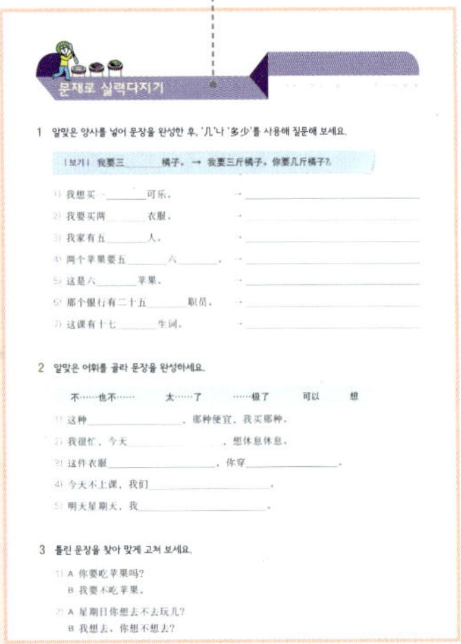

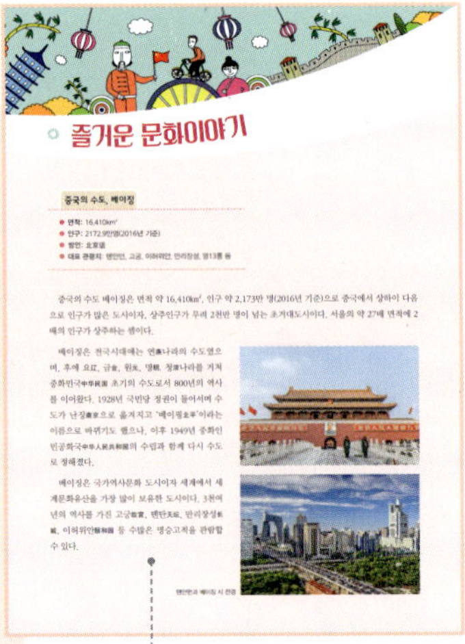

즐거운 문화이야기

문화를 이해하면 그 나라의 언어를 학습하는 데 더욱 도움이 됩니다. 사이사이 등장하는 중국 문화 소개를 찾아 읽어 보고, 중국이란 나라를 이해하며 학습 의욕을 새롭게 다져 봅니다.

특별부록

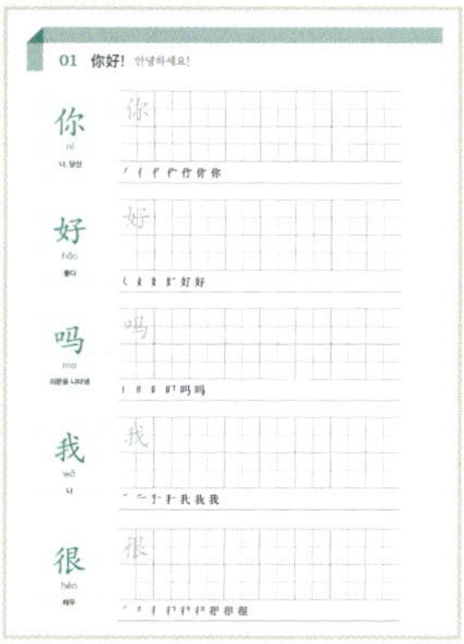

❶ 쓰기노트

① 간체자쓰기

각 과의 주요 간체자를 직접 써 보며 익힙니다. 한 자마다 필순이 제시되어 있으므로, 필순에 따라 간체자쓰기 연습을 합니다.

② 받아쓰기

받아쓰기는 외국어 실력 향상에 매우 효과적인 학습 방법입니다. 각 과의 학습이 끝나면 녹음을 듣고 받아쓰기 연습을 하며 듣기, 쓰기 실력을 공고히 합니다. 받아쓰기 부분의 녹음이 별도로 제공됩니다.

❷ 301句 미니북

이 책의 핵심 문장인 301句만 뽑아 수록했습니다. 301句 미니북만 있으면 이동하면서, 밥 먹으면서, 운동하면서 언제 어느 때나 301개 문장을 듣고 익힐 수 있습니다.
(상권 미니북 140개, 하권 미니북 161개 문장 수록)

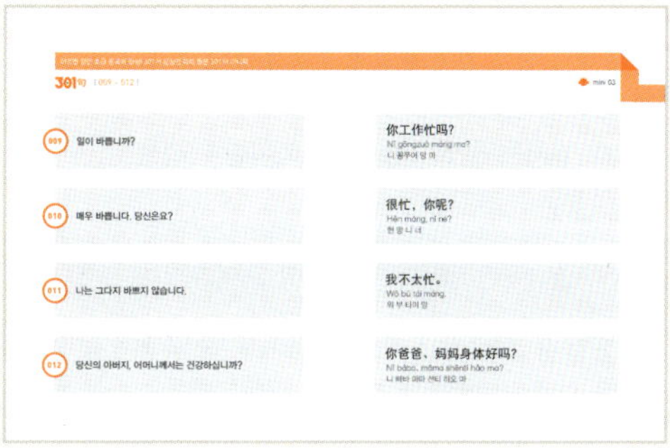

MP3 음원

원어민의 음성 녹음을 반복해서 들으며 정확한 발음을 학습합니다. 교재 페이지마다 MP3 음원의 해당 트랙 번호가 기재되어 있습니다.

트랙 정보

❶ 성모표 · 운모표	■ 00-01 ~ 00-02
❷ 본문 1~20과	■ 01-01 ~ 20-10
❸ 복습 1~4	■ fuxi 01-01~ fuxi 04-06
❹ 쓰기노트 받아쓰기	■ tingxie 01-01~ tingxie 20-03
❺ 301句 미니북	■ mini 01~ mini 37
❻ 잰말놀이로 발음 연습	■ rao 01~ rao 10

· MP3 음원은 다락원 홈페이지(www.darakwon.co.kr)에서 무료로 다운로드 하실 수 있습니다.
· 스마트폰으로 QR 코드를 스캔하면 MP3 다운로드 및 실시간 재생 가능한 페이지로 바로 연결됩니다.

▸ 301句 표현을 스마트폰으로 학습할 수 있는 '**dvBook**'이 제공됩니다. QR 코드를 스캔하거나 다락원 홈페이지에서 '**301구**'를 검색하세요.

차 례

중국어의 기초

1 한어

중국은 56개 민족으로 이루어진 다민족 국가이다. 그중 한족汉族이 약 91.5%를 차지하고 있고, 그 외에 55개의 소수민족少数民族이 고유한 자신들의 영역을 중심으로 살아가고 있다. 다양한 민족으로 구성된 나라인 만큼 그 언어도 다양하다. 우리가 배우는 중국어를 '한어汉语'라고 하는데, 이는 중국 인구의 대다수를 차지하는 한족의 언어라는 뜻이다.

2 보통화

한어에도 수많은 방언이 있어서 하나의 표준이 되는 공통어가 필요하였다. 그리하여 중국 정부는 1949년 중화인민공화국中华人民共和国 성립 후, 북방 방언을 기초로 하며, 베이징 말을 표준음으로 삼고, 모범적인 현대 구어문의 문법을 규범으로 하는 '보통화普通话'를 표준어로 제정하였다.

3 간체자

현재 중국이 공식 문자로 채택하여 사용하고 있는 것은 '간체자简体字'라고 하는 간화된 한자이다. 이에 반해 우리나라에서 쓰고 있는 한자는 정자正字로, 간체자와 구분하여 번체자繁体字라고 한다. 문맹률을 낮추고 교육의 보급화를 실현시키기 위해, 중국 정부는 1949년 건국과 동시에 한자 간략화 작업을 진행하였다. 그 결과 1956년 중화인민공화국 국무원에서 「한자간화방안汉字简化方案」을 공포하고, 1964년에 중국문자개혁위원회에서 2,236개의 간체자가 수록된 「간화자총표简化字总表」를 공표함으로써 공식 문자로 채택하여 사용하고 있다.

4 한어병음방안

「한어병음방안汉语拼音方案」은 국제적으로 통용되고 있는 라틴어 자모 26개를 사용하여 현대 중국어 보통화의 음을 표기하는 방식으로, 1958년에 비준·공포되었다. 한어병음방안에 따르면 중국어의 음절은 성모와 운모, 성조로 구성된다. 현재 중국은 보통화의 보급이나 사전의 발음 표기, 국어 교육 등 각 방면에서 한어병음방안을 채택하고 있으며, 세계 각국 역시 중국의 인명·지명 등을 표기할 때 한어병음방안을 기초로 하고 있다.

중국어의 품사

단어의 어법적인 성질을 '품사'라고 한다.

명사 名词 míngcí	사람이나 사물의 명칭, 시간, 공간, 방위 개념 등을 나타낸다. 예 北京 베이징 | 学校 학교 | 今天 오늘
대명사 代词 dàicí	사람이나 사물을 대신 지칭하여 나타낸다. 예 我 나 | 这 이것 | 什么 무슨
동사 动词 dòngcí	동작, 행위, 존재 등을 나타낸다. 예 吃 먹다 | 喜欢 좋아하다 | 是 ~이다
조동사 助动词 zhùdòngcí	동사 앞에 놓여 가능, 바람, 능력, 당위 등을 나타낸다. 예 要 ~하려고 하다 | 能 ~할 수 있다 | 应该 ~해야 한다
형용사 形容词 xíngróngcí	사람 또는 사물의 성질이나 모습, 동작이나 행위의 상태를 나타낸다. 예 好 좋다 | 坏 나쁘다 | 早 이르다
수사 数词 shùcí	사물의 수량이나 순서를 나타낸다. 예 一 하나, 1 | 第一 첫 번째
양사 量词 liàngcí	사물의 수량이나 동작의 횟수를 나타낸다. 예 个 개 | 斤 근 | 次 번, 차례
부사 副词 fùcí	동사나 형용사를 수식하여 시간, 정도, 빈도, 범위, 상태 등을 나타낸다. 예 已经 이미 | 常常 자주 | 都 모두 | 很 매우
개사 介词 jiècí	명사, 대명사 앞에 놓여 시간, 장소, 대상, 원인 등을 나타낸다. 예 在 ~에서 | 从 ~부터
접속사 连词 liáncí	단어와 단어, 구와 구, 절과 절을 연결한다. 예 和 ~와/과 | 跟 ~와/과 | 不但……而且 ~뿐만 아니라 또한
조사 助词 zhùcí	단어나 구, 문장 끝에 와서 다양한 부가적 의미를 나타낸다. 예 的 ~의 | 过 ~한 적이 있다 | 吗 ~입니까
감탄사 叹词 tàncí	기쁨, 놀람 ,슬픔, 분노 등의 감정을 나타낸다. 예 啊 아! | 哎呀 아이고 | 哦 오!
의성사 象声词 xiàngshēngcí	소리를 표현한다. 예 哗哗 콸콸 | 扑通 풍덩

중국어의 문장성분

문장을 구성하는 성분을 '문장성분'이라고 한다. 중국어 문장은 문장의 뼈대가 되는 **주어, 술어, 목적어**의 '주요 성분'과 이를 꾸며 주고 보충하여 문장에 생기를 불어넣어 주는 **관형어, 부사어, 보어**의 '보조 성분'으로 나눌 수 있다.

주어 主语 zhǔyǔ	술어가 나타내는 동작이나 상태의 주체이다. 예 我叫王兰。나는 왕란입니다.
술어 谓语 wèiyǔ	주어를 서술, 설명하는 성분이다. 예 我是学生。나는 학생입니다.
목적어 宾语 bīnyǔ	술어 뒤에 놓여 동작이나 행위의 대상이 되는 성분이다. 예 他买橘子。그는 귤을 삽니다.
관형어 定语 dìngyǔ	주어와 목적어 앞에서 주로 명사를 수식하거나 제한하는 성분이다. 예 我爸爸 우리 아빠 | 玛丽的书 메리의 책
부사어 状语 zhuàngyǔ	술어 앞에 놓여 술어를 수식하거나 제한하는 성분이다. 예 我常常坐公交车。나는 자주 버스를 탑니다.
보어 补语 bǔyǔ	술어 뒤에 놓여 술어를 보충 설명하는 성분이다. 예 我看完那本书了。나는 그 책을 다 보았습니다.

성모표

00-01

b p m	**쌍순음(双唇音 : 윗입술과 아랫입술 소리)** 윗입술과 아랫입술을 붙였다 떼면서 발음한다.
f	**순치음(唇齿音 : 윗니와 아랫입술 소리)** 윗니를 아랫입술에 대고 발음한다.
d t n l	**설첨음(舌尖音 : 혀끝과 윗잇몸 소리)** 혀끝을 윗잇몸의 뒷면에 붙였다 떼면서 발음한다.
g k h	**설근음(舌根音 : 혀뿌리와 입천장 소리)** 혀뿌리를 입천장에 붙였다 떼거나 가까이 대고 발음한다.
j q x	**설면음(舌面音 : 혓바닥과 입천장 소리)** 혀 앞부분을 입천장 앞쪽에 붙였다 떼거나 가까이 대고 발음한다.
zh ch sh r	**설첨후음(舌尖后音 : 혀끝과 입천장 소리)** 혀끝을 말아 입천장에 붙였다 떼거나 가까이 대고 발음한다.
z c s	**설첨전음(舌尖前音 : 혀끝과 잇소리)** 혀끝을 윗니의 뒷면에 붙였다 떼거나 가까이 대고 발음한다.

운모표

00-02

a	ai ao an ang
o	ou ong
e	ei en eng er
i(yi)	ia (ya) ie (ye) iao (yao) iou (you) ian (yan) in (yin) iang (yang) ing (ying) iong (yong)
u(wu)	ua (wa) uo (wo) uai (wai) uei (wei) uan (wan) uen (wen) uang (wang) ueng (weng)
ü(yu)	üe (yue) üan (yuan) ün (yun)

▸ 성모가 없을 때는 괄호 안의 표기를 사용한다.

▸ 붉은색으로 표시된 발음은 주의해야 할 발음이다.

일러두기

★ 이 책의 표기 규칙

❶ 이 책에 나오는 중국의 지명이나 건물, 기관, 관광명소의 명칭 등은 중국어 발음을 한국어로 표기하는 것을 원칙으로 하였습니다. 단, 우리에게 이미 잘 알려진 장소에 한하여 익숙한 발음으로 표기하였습니다.

예 北京 → 베이징　　长城 → 만리장성　　香港 → 홍콩

❷ 인명은 각 나라에서 실제 사용하는 발음으로 표기하였습니다.

예 玛丽 → 메리　　王兰 → 왕란　　李成日 → 이성일

❸ 중국어의 품사는 다음과 같이 약어로 표시하였습니다.

명사	명	조사	조	접속사	접
동사	동	개사	개	조동사	조동
형용사	형	부사	부	감탄사	감
대명사	대	수사	수	고유명사	고유
양사	양	수량사	수량	성어	성

❹ 『현대한어사전(现代汉语词典)』에서는 '学生'의 성조를 'xué·shēng'으로 표기하였으나, 이 책은 『汉语会话301句』 원서에 기준하여 'xuésheng'으로 표기하였습니다.

★ 이 책의 등장인물

데이비드 / 프랑스인

메리 / 미국인

왕란 / 중국인

리우징 / 중국인

가즈코 / 일본인

장리잉 / 중국인

이성일 / 한국인

리 교수 / 중국인

왕 교수 / 중국인

장 교수 / 중국인

01 你好!

안녕하세요!

01-01

001 你好! 안녕하세요!

Nǐ hǎo!

002 你好吗? 잘 지내십니까?

Nǐ hǎo ma?

003 (我)很好。 (저는) 잘 지냅니다.

(Wǒ) hěn hǎo.

004 我也很好。 저도 잘 지냅니다.

Wǒ yě hěn hǎo.

단어 익히기

01-02

| 본문 단어 |

你好 nǐ hǎo 안녕, 안녕하세요

你 nǐ 대 너, 당신

好 hǎo 형 좋다

吗 ma 조 의문을 나타내는 어기조사

我 wǒ 대 나

很 hěn 부 매우

也 yě 부 ~도, ~역시

| 표현 확장 단어 |

你们 nǐmen 대 너희, 당신들

她 tā 대 그녀

他 tā 대 그

他们 tāmen 대 그들

我们 wǒmen 대 우리

都 dōu 부 모두

来 lái 동 오다

爸爸 bàba 명 아버지, 아빠

妈妈 māma 명 어머니, 엄마

| 고유명사 |

大卫 Dàwèi 데이비드(David) [인명]

玛丽 Mǎlì 메리(Mary) [인명]

王兰 Wáng Lán 왕란 [인명]

刘京 Liú Jīng 리우징 [인명]

| 읽고, 듣고, 쓰고, 반복해서 외우세요 |

회화로 배우기

1 안녕! 01-03

大卫 Dàwèi　玛丽，你好！①
Mǎlì, nǐ hǎo!

玛丽 Mǎlì　你好，大卫！
Nǐ hǎo, Dàwèi!

2 잘 지내니? 01-04

王兰 Wáng Lán　你好吗？②
Nǐ hǎo ma?

刘京 Liú Jīng　我很好。你好吗？
Wǒ hěn hǎo. Nǐ hǎo ma?

王兰 Wáng Lán　我也很好。
Wǒ yě hěn hǎo.

표현 따라잡기

① **你好！** 안녕! / 안녕하세요!
일상적인 인사말이다. 시간이나 장소, 신분과 관계없이 쓸 수 있으며, 상대방도 '你好'로 대답한다.

② **你好吗？** 잘 지내십니까?
자주 쓰이는 인사말로, 상대방은 주로 '我很好' 등의 의례적인 표현으로 대답한다. 일반적으로 이미 친분이 있는 사람 사이에 쓴다.

표현으로 확장하기

응용 표현 01-05

① 你好!

你们 nǐmen

② 你好吗?

你们 nǐmen　　她 tā

他 tā　　他们 tāmen

확장 회화 01-06

① A 你们好吗?
Nǐmen hǎo ma?

B 我们都很好。
Wǒmen dōu hěn hǎo.

A 你好吗?
Nǐ hǎo ma?

B 我也很好。
Wǒ yě hěn hǎo.

② A 你来吗?
Nǐ lái ma?

B 我来。
Wǒ lái.

A 爸爸、妈妈来吗?
Bàba、māma lái ma?

B 他们都来。
Tāmen dōu lái.

중국어의 발음

중국어의 발음은 성모(声母, shēngmǔ), 운모(韵母, yùnmǔ), 성조(声调, shēngdiào)로 구성된다.

■ **중국어 음절의 구조**

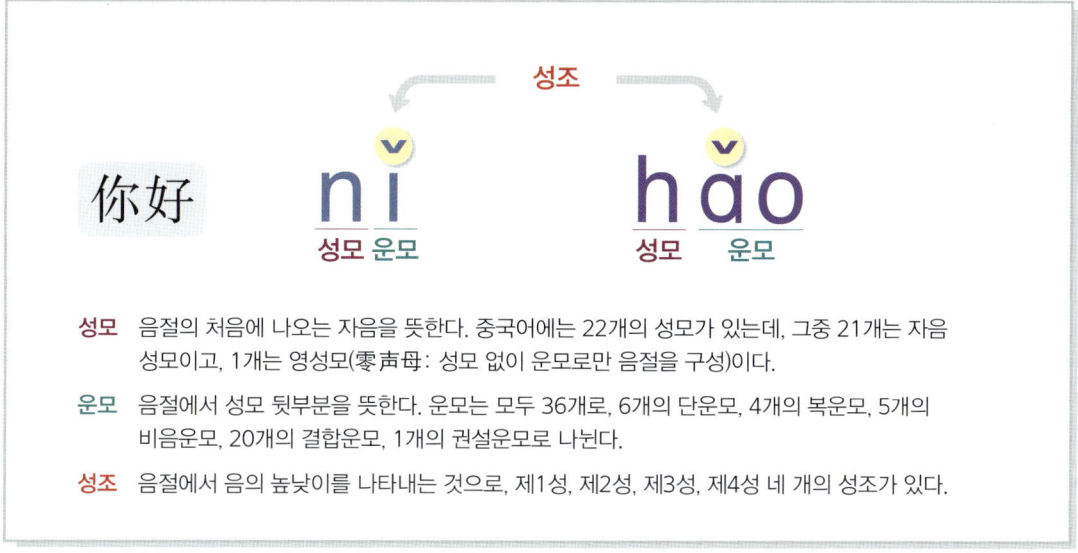

성모 음절의 처음에 나오는 자음을 뜻한다. 중국어에는 22개의 성모가 있는데, 그중 21개는 자음 성모이고, 1개는 영성모(零声母: 성모 없이 운모로만 음절을 구성)이다.

운모 음절에서 성모 뒷부분을 뜻한다. 운모는 모두 36개로, 6개의 단운모, 4개의 복운모, 5개의 비음운모, 20개의 결합운모, 1개의 권설운모로 나뉜다.

성조 음절에서 음의 높낮이를 나타내는 것으로, 제1성, 제2성, 제3성, 제4성 네 개의 성조가 있다.

1 성모와 운모(1) 01-07

성모(声母)란 중국어 음절의 첫 부분에 나오는 자음을 말한다. 운모와 결합하여 음절을 구성한다.

성 모			
b	p	m	
f			
d	t	n	l
g	k	h	

운모(韵母)란 중국어 음절에서 성모를 제외한 나머지 부분을 말한다.

운 모					
a	o	e	i	u	ü
ai	ei	ao	ou		
en	ie	uo			
an	ang	ing	iou(iu)		

2 한어병음(1) 01-08

	a	o	e	ai	ei	ao	ou	an	en	ang
b	ba	bo		bai	bei	bao		ban	ben	bang
p	pa	po		pai	pei	pao	pou	pan	pen	pang
m	ma	mo	me	mai	mei	mao	mou	man	men	mang
f	fa	fo			fei		fou	fan	fen	fang
d	da		de	dai	dei	dao	dou	dan	den	dang
t	ta		te	tai		tao	tou	tan		tang
n	na		ne	nai	nei	nao	nou	nan	nen	nang
l	la		le	lai	lei	lao	lou	lan		lang
g	ga		ge	gai	gei	gao	gou	gan	gen	gang
k	ka		ke	kai	kei	kao	kou	kan	ken	kang
h	ha		he	hai	hei	hao	hou	han	hen	hang

3 성조 01-09

중국어는 성조(声调)가 있는 언어이다. 중국어의 발음에는 제1성, 제2성, 제3성, 제4성 네 개의 성조가 있으며, 각각 '- ˊ ˇ ˋ'의 부호로 구분하여 표시한다.
성조는 의미를 구별하는 역할을 한다. 예를 들면, 'mā(妈: 어머니), má(麻: 삼베), mǎ(马: 말), mà(骂: 욕하다)'처럼 같은 발음이라 할지라도 성조가 다르면 의미가 다르다.

하나의 음절에 한 개의 모음만 있을 경우, 성조부호는 그 모음 위에 표기한다. (단, 모음 i 위에 성조부호가 있을 경우에는 nǐ처럼 i 위의 점을 없애야 한다.) 한 음절에 두 개 혹은 그 이상의 모음이 있을 경우, 성조부호는 주요 모음 위에 표기한다. 예를 들면 'lái'와 같다.

성조	표기법	발음 방법
제1성	ˉ	처음부터 끝까지 높은 음을 유지하며 발음한다.
제2성	ˊ	중간 음에서 가장 높은 음까지 빠르게 올린다.
제3성	ˇ	약간 낮은 음에서 가장 낮은 음까지 내렸다가 다시 높은 음으로 꺾이듯 소리 낸다.
제4성	ˋ	가장 높은 음에서 가장 낮은 음으로 빠르게 떨어뜨린다.

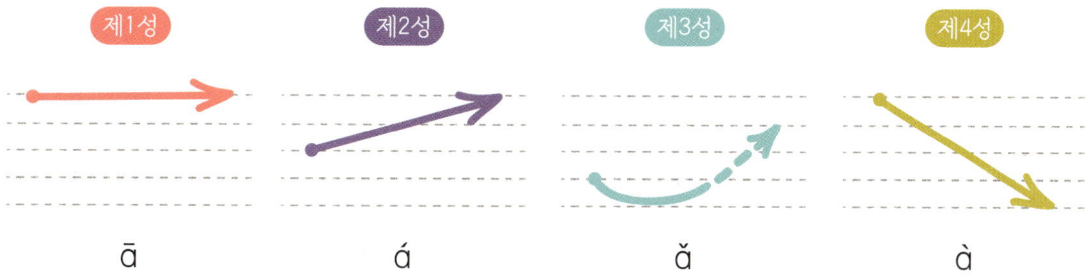

4 경성 01-10

현대 중국 표준어에서 일부 음절은 약하고 짧게 발음되는데, 이를 '경성(轻声, qīngshēng)'이라고 한다. 경성은 따로 성조를 표기하지 않고, 경성의 높이는 앞 음절의 성조에 따라 결정된다.

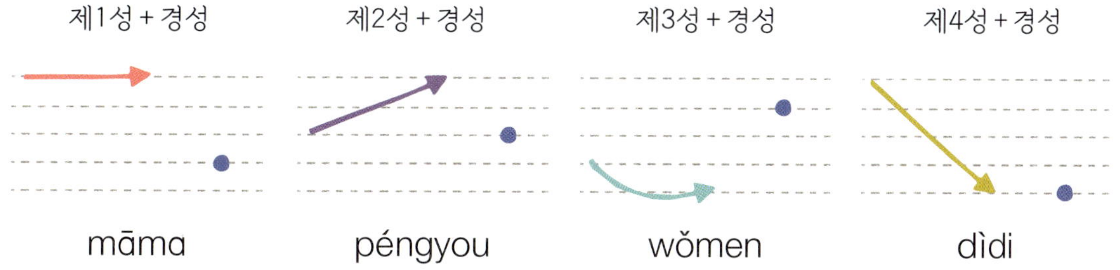

5 성조 변화(1) – 제3성의 변화

1) 제3성과 제3성이 연이어 나올 경우, 앞의 제3성은 제2성으로 발음한다. 이때 발음만 변화하고, 표기는 원래대로 제3성으로 표기한다.

제3성 + 제3성 → 제2성 + 제3성

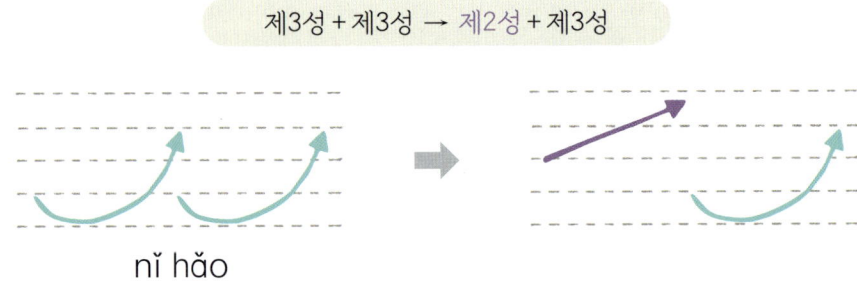

2) 제3성이 제1성, 제2성, 제4성, 경성의 앞에 나올 경우, 앞의 제3성은 '반3성(半三声)'으로 발음한다. '반3성'이란 제3성의 절반, 즉 앞쪽의 내려가는 부분까지만 발음하는 것을 말한다. 이 경우에도 발음만 변화하고, 표기는 그대로 제3성으로 한다.

제3성 + 제1, 2, 4, 경성 → 반3성 + 제1, 2, 4, 경성

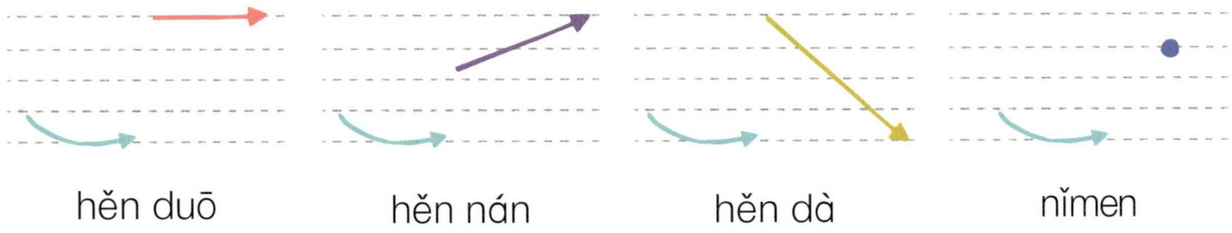

6 병음자모 표기법(1)

1) i나 u로 시작하는 운모 앞에 성모가 오지 않는 경우, i는 반드시 y로, u는 w로 바꾸어 표기해야 한다.

예 ie → ye　　　uo → wo

2) i나 u가 단독으로 음절을 이룰 때는 앞에 각각 y와 w를 덧붙여 준다.

예 i → yi　　　u → wu

문제로 실력다지기

1 상황에 맞게 대화를 완성하세요.

1) A 你好!

B ______________________!

A 他好吗?

B ______________________。

2) A, B 你好!

C ______________________!

3) 玛丽 你好吗?

王兰 ______________________。你好吗?

玛丽 ______________________。刘京好吗?

王兰 ______________________，我们______________________。

2 다음 상황에 근거해 대화를 나누세요.

1) 학교 친구를 만나 서로 인사를 나눈다.
(你和同学见面，互相问候。)

2) 친구의 집에 가서 친구의 부모님을 만나 인사를 드린다.
(你去朋友家，见到他/她的爸爸、妈妈，向他们问好。)

3) 교실에서 선생님과 학생이 서로 인사를 나눈다.
(在课堂上，同学、老师互相问候。)

3 발음을 연습하세요.

1) 발음 분별하기 01-11

bā（八）	↔ pā（啪）	dā（搭）	↔ tā（他）
gòu（够）	↔ kòu（扣）	bái（白）	↔ pái（排）
dào（到）	↔ tào（套）	gǎi（改）	↔ kǎi（凯）

2) 경성 01-12

tóufa（头发）	nàme（那么）
hēi de（黑的）	gēge（哥哥）
lái ba（来吧）	mèimei（妹妹）

3) 성조 변화 01-13

bǔkǎo（补考）	hěn hǎo（很好）
dǎdǎo（打倒）	fěnbǐ（粉笔）
měihǎo（美好）	wǔdǎo（舞蹈）
nǐ lái（你来）	hěn lèi（很累）
měilì（美丽）	hǎiwèi（海味）
hěn hēi（很黑）	nǎge（哪个）

02 你身体好吗?

건강은 어떻습니까?

02-01

005 你早! 안녕하세요! [아침 인사]

Nǐ zǎo!

006 你身体好吗? 건강은 어떻습니까?

Nǐ shēntǐ hǎo ma?

007 谢谢! 감사합니다!

Xièxie!

008 再见! 안녕히 계세요! / 안녕히 가세요! [헤어질 때 하는 인사]

Zàijiàn!

단어 익히기

02-02

| 본문 단어 |

早 zǎo 형 이르다

身体 shēntǐ 명 몸, 신체

谢谢 xièxie 동 감사합니다

再见 zàijiàn 동 안녕히 계세요, 안녕히 가세요

老师 lǎoshī 명 선생님

您 nín 대 당신 [你의 존칭]

五 wǔ 수 5

六 liù 수 6

七 qī 수 7

八 bā 수 8

九 jiǔ 수 9

十 shí 수 10

号(日) hào(rì) 양 일, 날

今天 jīntiān 명 오늘

| 표현 확장 단어 |

一 yī 수 1

二 èr 수 2

三 sān 수 3

四 sì 수 4

| 고유명사 |

李 Lǐ 리 [성(姓)]

王 Wáng 왕 [성(姓)]

张 Zhāng 장 [성(姓)]

| 읽고, 듣고, 쓰고, 반복해서 외우세요 |

1 건강은 어떠신가요? 02-03

李老师 你早!①
Lǐ lǎoshī Nǐ zǎo!

王老师 你早!
Wáng lǎoshī Nǐ zǎo!

李老师 你身体好吗?
Lǐ lǎoshī Nǐ shēntǐ hǎo ma?

王老师 很好。谢谢!
Wáng lǎoshī Hěn hǎo. Xièxie!

2 안녕히 가세요! 02-04

张老师 Zhāng lǎoshī
你们好吗?
Nǐmen hǎo ma?

王兰 Wáng Lán
我们都很好。您②身体好吗?
Wǒmen dōu hěn hǎo. Nín shēntǐ hǎo ma?

张老师 Zhāng lǎoshī
也很好。再见!
Yě hěn hǎo. Zàijiàn!

刘京 Liú Jīng
再见!
Zàijiàn!

표현 따라잡기

① **你早!** 안녕! / 안녕하세요!
아침에 만났을 때 하는 인사말이다.

② **您** 당신, 귀하
2인칭 대명사 '你'의 존칭 표현이다. 일반적으로 나이가 많은 사람이나 윗사람에게 사용한다. 정중함을 나타내기 위해 동년배의 사람, 특히 처음 만난 사람에게 사용할 수도 있다.

표현으로 확장하기

응용 표현 02-05

① 你早!

您 nín　　你们 nǐmen

张老师 Zhāng lǎoshī　　李老师 Lǐ lǎoshī

② 你身体好吗?

他 tā　　你们 nǐmen　　他们 tāmen

王老师 Wáng lǎoshī　　张老师 Zhāng lǎoshī

확장 회화 02-06

① 五号
wǔ hào

八号
bā hào

九号
jiǔ hào

十四号
shísì hào

二十七号
èrshíqī hào

三十一号
sānshíyī hào

② A 今天六号。李老师来吗?
Jīntiān liù hào. Lǐ lǎoshī lái ma?

B 她来。
Tā lái.

1 성모와 운모(2) 02-07

성 모

j	q	x	
z	c	s	
zh	ch	sh	r

운 모

an	en	ang	eng	ong
ia	iao	ie	iou(iu)	
ian	in	iang	ing	iong
-i	er			

2 한어병음(2) 02-08

	i	ia	iao	ie	iou(iu)	ian	in	iang	ing	iong
j	ji	jia	jiao	jie	jiu	jian	jin	jiang	jing	jiong
q	qi	qia	qiao	qie	qiu	qian	qin	qiang	qing	qiong
x	xi	xia	xiao	xie	xiu	xian	xin	xiang	xing	xiong

	a	e	-i	ai	ei	ao	ou	an	en	ang	eng	ong
z	za	ze	zi	zai	zei	zao	zou	zan	zen	zang	zeng	zong
c	ca	ce	ci	cai		cao	cou	can	cen	cang	ceng	cong
s	sa	se	si	sai		sao	sou	san	sen	sang	seng	song
zh	zha	zhe	zhi	zhai	zhei	zhao	zhou	zhan	zhen	zhang	zheng	zhong
ch	cha	che	chi	chai		chao	chou	chan	chen	chang	cheng	chong
sh	sha	she	shi	shai	shei	shao	shou	shan	shen	shang	sheng	
r		re	ri			rao	rou	ran	ren	rang	reng	rong

3 주의해야 할 발음(1)

1) **e** 운모 e가 ie나 üe의 경우처럼 i나 ü의 뒤에 놓이는 경우에는 [ɛ]로 발음된다.

예 xièxie (谢谢) xuéxí (学习)

2) **-i** -i는 z, c, s 뒤의 설첨전모음(舌尖前元音) [ɿ]와 zh, ch, sh, r 뒤의 설첨후모음(舌尖后元音) [ʅ]를 대표한다. zi, ci, si나 zhi, chi, shi, ri를 읽을 때는 -i를 [i]로 읽으면 안 된다.

예 cí (词) shì (是)

3) **ian** 가운데 모음인 'a'는 [ɛ]로 발음하며, '이안'으로 발음하지 않도록 주의한다.

예 yān (烟) zàijiàn (再见)

4 병음자모 표기법(2)

iou가 성모와 결합하면 가운데 모음인 'o'를 생략하고 iu로 표기한다. 이때, 성조는 뒤 모음 u 위에 표기한다.

예 liù (六) jiǔ (九)

문제로 실력다지기

1 상황에 맞게 대화를 완성하세요.

1) 大卫, 玛丽 老师，＿＿＿＿＿＿＿＿！
老师 ＿＿＿＿＿＿＿＿！

2) 大卫 刘京，你身体＿＿＿＿＿＿＿＿？
刘京 ＿＿＿＿＿＿＿＿，谢谢！
大卫 王兰也好吗？
刘京 ＿＿＿＿＿＿＿＿。我们＿＿＿＿＿＿＿＿。

3) 王兰 妈妈，您身体好吗？
妈妈 ＿＿＿＿＿＿＿＿。
王兰 爸爸＿＿＿＿＿＿＿＿？
妈妈 他也很好。

2 다음 제시된 어구를 발음에 주의해서 읽어 보세요. 02-09

也来	很好	谢谢你	老师再见
都来	也很好	谢谢您	王兰再见
再来	都很好	谢谢你们	爸爸、妈妈再见
		谢谢老师	

3 다음 상황에 근거해 대화를 나누세요.

1) 두 사람이 서로 인사하고 상대방의 아버지, 어머니의 안부를 묻는다.
(两人互相问候并问候对方的爸爸、妈妈。)

2) 반 친구들과 선생님이 만나 서로 안부를 묻는다.(친구들끼리, 선생님께, 한 사람이 여러 사람에게, 여러 사람이 다른 몇 사람에게 안부를 묻는다.)
(同学们和老师见面，互相问候。同学和同学，同学和老师；一个人和几个人，几个人和另外几个人互相问候。)

4 발음을 연습하세요.

1) 발음 분별하기 02-10

shāngliang	(商量)	↔	xiǎngliàng	(响亮)
jīxīn	(鸡心)	↔	zhīxīn	(知心)
zájì	(杂技)	↔	zázhì	(杂志)
dàxǐ	(大喜)	↔	dàshǐ	(大使)
bù jí	(不急)	↔	bù zhí	(不直)
xīshēng	(牺牲)	↔	shīshēng	(师生)

2) 성조 분별하기 02-11

bā kē	(八棵)	↔	bàkè	(罢课)
bùgào	(布告)	↔	bù gāo	(不高)
qiānxiàn	(牵线)	↔	qiánxiàn	(前线)
xiǎojiě	(小姐)	↔	xiǎo jiē	(小街)
jiàoshì	(教室)	↔	jiàoshī	(教师)

3) 단어 읽기 02-12

zǒulù	(走路)	chūfā	(出发)
shōurù	(收入)	liànxí	(练习)
yǎnxì	(演戏)	sùshè	(宿舍)

즐거운 문화이야기

중국이란 나라는

❶ **국명**: 중화인민공화국
❷ **국경일**: 10월 1일
❸ **위치**: 아시아 대륙의 동쪽, 태평양의 서쪽에 위치
❹ **면적**: 약 960만km^2 [한반도의 약 44배]

중국의 공식 명칭은 중화인민공화국中华人民共和国으로, 약칭하여 '중국中国'이라고 한다. 1949년 10월 1일 마오쩌둥毛泽东이 톈안먼天安门 광장에서 "중화인민공화국이 성립되었다中华人民共和国成立了"라고 공식적으로 선포하였다. 중국 최대 명절 중 하나인 국경절国庆节은 이날을 기념하기 위해 제정된 것이다.

중국은 아시아 대륙의 동쪽, 태평양의 서쪽에 위치하고 있다. 육지 면적은 약 960만km^{2}로 한반도의 약 44배이며, 세계 육지 총면적의 6.5%를 차지해 러시아, 캐나다에 이어 세계에서 세 번째로 큰 나라이다.

육지 국경선의 총 길이는 약 2만 2,800km로, 북한, 러시아, 몽골, 파키스탄, 인도, 미얀마, 베트남 등 14개 국가와 국경을 접하고 있는 세계에서 인접국이 가장 많은 나라이다.

중국 지도

03 你工作忙吗?

일이 바쁩니까?

03-01

009 你工作忙吗? 일이 바쁩니까?

Nǐ gōngzuò máng ma?

010 很忙，你呢? 매우 바쁩니다. 당신은요?

Hěn máng, nǐ ne?

011 我不太忙。 나는 그다지 바쁘지 않습니다.

Wǒ bú tài máng.

012 你爸爸、妈妈身体好吗? 당신의 아버지, 어머니께서는 건강하십니까?

Nǐ bàba、māma shēntǐ hǎo ma?

단어 익히기

03-02

| 본문 단어 |

工作 gōngzuò 동 명 일하다, 일

忙 máng 형 바쁘다

呢 ne 조 의문을 나타내는 어기조사

不 bù 부 아니다

太 tài 부 매우, 아주

| 표현 확장 단어 |

累 lèi 형 피곤하다

哥哥 gēge 명 형, 오빠

姐姐 jiějie 명 누나, 언니

弟弟 dìdi 명 남동생

妹妹 mèimei 명 여동생

月 yuè 명 달, 월

明天 míngtiān 명 내일

今年 jīnnián 명 올해

零 líng 수 영(0)

年 nián 명 년

明年 míngnián 명 내년

| 읽고, 듣고, 쓰고, 반복해서 외우세요 |

1 일이 바쁘신가요? 03-03

李老师 Lǐ lǎoshī
你好！
Nǐ hǎo!

张老师 Zhāng lǎoshī
你好！
Nǐ hǎo!

李老师 Lǐ lǎoshī
你工作忙吗？
Nǐ gōngzuò máng ma?

张老师 Zhāng lǎoshī
很忙，你呢？①
Hěn máng, nǐ ne?

李老师 Lǐ lǎoshī
我不太忙。
Wǒ bú tài máng.

2 나는 바쁘지 않아요 03-04

大卫 Dàwèi
老师，您早！
Lǎoshī, nín zǎo!

玛丽 Mǎlì
老师好！
Lǎoshī hǎo!

张老师 Zhāng lǎoshī
你们好！
Nǐmen hǎo!

大卫 Dàwèi	老师忙吗? Lǎoshī máng ma?
张老师 Zhāng lǎoshī	很忙，你们呢? Hěn máng, nǐmen ne?
大卫 Dàwèi	我不忙。 Wǒ bù máng.
玛丽 Mǎlì	我也不忙。 Wǒ yě bù máng.

3 아버지, 어머니는 건강하신가요? 03-05

王兰 Wáng Lán	刘京，你好! Liú Jīng, nǐ hǎo!
刘京 Liú Jīng	你好! Nǐ hǎo!
王兰 Wáng Lán	你爸爸、妈妈身体好吗? Nǐ bàba、māma shēntǐ hǎo ma?
刘京 Liú Jīng	他们都很好。谢谢! Tāmen dōu hěn hǎo. Xièxie!

표현 따라잡기

① **你呢?** 당신은요?

'你呢'는 앞에서 말한 화제를 이어받아 질문할 때 쓴다. 예를 들어 '我很忙，你呢?'에서는 '你忙吗?'를 의미하며, '我身体很好，你呢?'에서는 '你身体好吗?'를 의미한다.

표현으로 확장하기

응용 표현 03-06

① 老师忙吗?

好 hǎo　　累 lèi

② A 你爸爸、妈妈身体好吗?
B 他们都很好。

哥哥、姐姐 gēge、jiějie　　弟弟、妹妹 dìdi、mèimei

확장 회화 03-07

① 一月 yī yuè　　二月 èr yuè　　六月 liù yuè　　十二月 shí'èr yuè

② 今天十月三十一号。
Jīntiān shí yuè sānshíyī hào.
明天十一月一号。
Míngtiān shíyī yuè yī hào.
今年二零一七年，明年二零一八年。
Jīnnián èr líng yī qī nián, míngnián èr líng yī bā nián.

1 성모와 운모(3) 03-08

운모								
u	ua	uo	uai	uei(ui)	uan	uen(un)	uang	ueng
ü	üe	üan	ün					

2 한어병음(3) 03-09

	u	ua	uo	uai	uei(ui)	uan	uen(un)	uang
d	du		duo		dui	duan	dun	
t	tu		tuo		tui	tuan	tun	
n	nu		nuo			nuan		
l	lu		luo			luan	lun	
z	zu		zuo		zui	zuan	zun	
c	cu		cuo		cui	cuan	cun	
s	su		suo		sui	suan	sun	
zh	zhu	zhua	zhuo	zhuai	zhui	zhuan	zhun	zhuang
ch	chu	chua	chuo	chuai	chui	chuan	chun	chuang
sh	shu	shua	shuo	shuai	shui	shuan	shun	shuang
r	ru	rua	ruo		rui	ruan	run	
g	gu	gua	guo	guai	gui	guan	gun	guang
k	ku	kua	kuo	kuai	kui	kuan	kun	kuang
h	hu	hua	huo	huai	hui	huan	hun	huang

	ü	üe	üan	ün
n	nü	nüe		
l	lü	lüe		
j	ju	jue	juan	jun
q	qu	que	quan	qun
x	xu	xue	xuan	xun

3 주의해야 할 발음(2)

üan ian과 마찬가지로 가운데 'a'는 [ɛ]로 발음된다. ü를 발음할 때에는 입 모양이 움직이지 않도록 주의한다.

예 yuán (圆) xuǎn (选)

4 병음자모 표기법(3)

1) ü가 단독으로 음절을 이루거나, 음절의 맨 앞에 놓이면 yu로 바꾸어 표기한다.

예 ü → yu üan → yuan

2) j, q, x가 ü로 시작하는 운모와 결합하면 ü 위의 두 점은 생략된다.

예 jùzi (句子) xuéxí (学习)

3) 운모 uei, uen이 성모와 결합하면 가운데 'e'가 생략되고 ui, un으로만 표기한다.

예 huí (回) dūn (吨)

5 성조 변화(2) – '不'와 '一'의 성조 변화

1) 원래 제4성자인 '不'가 제4성자 앞 또는 제4성이 변해서 된 경성자 앞에 놓이면 제2성 bú로 읽는다.

예 bú xiè (不谢) búshi (不是)

제1, 2, 3성자 앞에서는 그대로 제4성 bù로 읽는다.

예 bù xīn (不新) bù lái (不来) bù hǎo (不好)

2) 원래 제1성자인 '一'가 단독으로 혹은 서수로 쓰일 때는 성조가 변하지 않는다.

예 yī (一)　　　dì-yī kè (第一课)

'一'가 제4성자 앞 또는 제4성이 변해서 된 경성자 앞에 놓이면 제2성 yí로 읽는다.

예 yí kuài (一块)　　　yí ge (一个)

'一'가 제1, 2, 3성자 앞에 놓이면 제4성 yì로 읽는다.

예 yì tiān (一天)　　　yì nián (一年)　　　yìqǐ (一起)

6 儿화

er은 종종 다른 운모와 결합하여 그 운모를 儿화운모로 만든다. 儿화운모를 표기할 때에는 원래 운모의 뒤에 -r을 붙인다.

예 wánr (玩儿)　　　huār (花儿)

7 격음부호

a, o, e로 시작하는 음절이 다른 음절의 뒤에 이어서 올 때 음절 간의 경계를 분명히 하여 혼동되지 않도록 격음부호 '''를 사용하여 구분해 준다.

예 Tiān'ānmén (天安门)　　　nǚ'ér (女儿)

문제로 실력다지기

1 다음 제시된 어구를 읽고 문장을 만들어 보세요. 03-10

不好	都不忙	不累
不太好	也很忙	不太累
	都很忙	都不累

2 괄호 안에 주어진 단어를 사용해 대화를 완성하세요.

1) A 今天你来吗?
B ______________。（来）
A 明天呢?
B ______________。（也）

2) A 今天你累吗?
B 我不太累。______________?（呢）
A 我______________。（也）
B 明天你______________?（来）
A ______________。（不）

3) A 你爸爸忙吗?
B ______________。（忙）
A ______________?（呢）
B 她也很忙。我爸爸、妈妈______________。（都）

3 실제 상황에 근거해 질문에 대답해 보세요.

1) 你身体好吗?

2) 你忙吗?

3) 今天你累吗?

4) 明天你来吗?

5) 你爸爸 (妈妈、哥哥、姐姐……) 身体好吗?

6) 他们忙吗?

4 발음을 연습하세요.

1) 발음 분별하기 03-11

zhǔxí	(主席)	↔	chūxí	(出席)
shàng chē	(上车)	↔	shàngcè	(上策)
shēngchǎn	(生产)	↔	zēngchǎn	(增产)
huádòng	(滑动)	↔	huódòng	(活动)
xīn qiáo	(新桥)	↔	xīn qiú	(新球)
tuīxiāo	(推销)	↔	tuìxiū	(退休)

2) 성조 분별하기 03-12

càizǐ	(菜籽)	↔	cáizǐ	(才子)
tóngzhì	(同志)	↔	tǒngzhì	(统治)
héshuǐ	(河水)	↔	hē shuǐ	(喝水)
xìqǔ	(戏曲)	↔	xīqǔ	(吸取)
huíyì	(回忆)	↔	huìyì	(会议)

3) er과 儿화운모 03-13

értóng	(儿童)	nǚ'ér	(女儿)
ěrduo	(耳朵)	èrshí	(二十)
yíhuìr	(一会儿)	yìdiǎnr	(一点儿)
yíxiàr	(一下儿)	yǒudiǎnr	(有点儿)
huār	(花儿)	wánr	(玩儿)
xiǎoháir	(小孩儿)	bīnggùnr	(冰棍儿)

04 您贵姓?

당신의 성씨는 무엇입니까?

04-01

013 **我叫玛丽。** 내 이름은 메리입니다.

Wǒ jiào Mǎlì.

014 **认识你，我很高兴。** 만나서 반갑습니다.

Rènshi nǐ, wǒ hěn gāoxìng.

015 **您贵姓?** 당신의 성씨는 무엇입니까?

Nín guìxìng?

016 **你叫什么名字?** 당신의 이름은 무엇입니까?

Nǐ jiào shénme míngzi?

017 **她姓什么?** 그녀의 성씨는 무엇입니까?

Tā xìng shénme?

018 **她不是老师，她是学生。** 그녀는 선생님이 아니고, 학생입니다.

Tā bú shì lǎoshī, tā shì xuésheng.

단어 익히기

04-02

| 본문 단어 |

叫 jiào 동 부르다

认识 rènshi 동 알다

高兴 gāoxìng 형 기쁘다, 즐겁다

贵姓 guìxìng 명 (상대방의) 성, 성씨

什么 shénme 대 무엇

名字 míngzi 명 이름

姓 xìng 동 명 성이 ~이다, 성, 성씨

是 shì 동 ~이다

学生 xuésheng 명 학생

| 표현 확장 단어 |

那 nà 대 저, 저것, 그, 그것

个 gè 양 개, 명

这 zhè 대 이, 이것

人 rén 명 사람

大夫 dàifu 명 의사

留学生 liúxuéshēng 명 유학생

朋友 péngyou 명 친구

| 고유명사 |

美国 Měiguó 미국

| 읽고, 듣고, 쓰고, 반복해서 외우세요 |

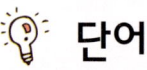

회화로 배우기

1 내 이름은 왕란이에요 04-03

玛丽 Mǎlì　我叫玛丽，你姓什么？
Wǒ jiào Mǎlì, nǐ xìng shénme?

王兰 Wáng Lán　我姓王，我叫王兰。
Wǒ xìng Wáng, wǒ jiào Wáng Lán.

玛丽 Mǎlì　认识你，我很高兴。
Rènshi nǐ, wǒ hěn gāoxìng.

王兰 Wáng Lán　认识你，我也很高兴。
Rènshi nǐ, wǒ yě hěn gāoxìng.

2 당신의 성씨는 무엇인가요? 04-04

大卫 Dàwèi　老师，您贵姓？①
Lǎoshī, nín guìxìng?

张老师 Zhāng lǎoshī　我姓张。你叫什么名字？②
Wǒ xìng Zhāng. Nǐ jiào shénme míngzi?

大卫 Dàwèi　我叫大卫。她姓什么？③
Wǒ jiào Dàwèi.　Tā xìng shénme?

张老师 Zhāng lǎoshī　她姓王。
Tā xìng Wáng.

大卫 Dàwèi	她是老师吗? Tā shì lǎoshī ma?
张老师 Zhāng lǎoshī	她不是老师，她是学生。 Tā bú shì lǎoshī, tā shì xuésheng.

표현 따라잡기

① **您贵姓?** 당신의 성씨는 무엇입니까?

'贵姓'은 공손하고 예의 바르게 상대방의 성씨를 묻는 표현이다. 대답할 때는 '我姓……'라고 해야지, 스스로를 높여 '我贵姓……'라고 하면 안 된다.

② **你叫什么名字?** 당신의 이름은 무엇입니까?

'你叫什么?'라고도 하며 윗사람이 아랫사람에게, 또는 젊은이들 사이에 성명을 물을 때 쓴다. 윗사람에게 존중과 예의를 나타내야 할 상황에서는 쓰지 않는다.

③ **她姓什么?** 그녀의 성씨는 무엇입니까?

제삼자의 성씨를 물을 때 쓴다. 이때 '她贵姓?'이라고 할 수 없다.

표현으로 확장하기

응용 표현 04-05

① 我认识你。

他 tā
玛丽 Mǎlì
那个学生 nàge xuésheng
他们老师 tāmen lǎoshī
这个人 zhège rén

② A 她(他)是老师吗?
B 她(他)不是老师，她是学生。

大夫 dàifu | 留学生 liúxuéshēng
你妹妹 nǐ mèimei | 我朋友 wǒ péngyou
你朋友 nǐ péngyou | 我哥哥 wǒ gēge

확장 회화 04-06

A 我不认识那个人，她叫什么?
Wǒ bú rènshi nàge rén, tā jiào shénme?

B 她叫玛丽。
Tā jiào Mǎlì.

A 她是美国人吗?
Tā shì Měiguórén ma?

B 是，她是美国人。
Shì, tā shì Měiguórén.

어법으로 내공쌓기

'吗'를 이용한 의문문

평서문의 끝에 의문을 나타내는 어기조사 '吗 ma'를 붙이면 의문문이 된다.

你好吗? 안녕하십니까?
Nǐ hǎo ma?

你身体好吗? 건강은 어떻습니까?
Nǐ shēntǐ hǎo ma?

你工作忙吗? 일이 바쁘십니까?
Nǐ gōngzuò máng ma?

她是老师吗? 그녀는 선생님입니까?
Tā shì lǎoshī ma?

의문대명사를 이용한 의문문

'谁(shéi, 누구)' '什么(shénme, 무엇)' '哪儿(nǎr, 어디)' 등의 의문대명사를 사용한 의문문의 경우, 어순은 평서문과 같다. 평서문에서 질문이 필요한 부분을 의문대명사로 바꿔주면 의문문이 된다.

他姓什么? 그의 성씨는 무엇입니까?
Tā xìng shénme?

你叫什么名字? 당신의 이름은 무엇입니까?
Nǐ jiào shénme míngzi?

谁是大卫? 누가 데이비드입니까?
Shéi shì Dàwèi?

玛丽在哪儿? 메리는 어디에 있습니까?
Mǎlì zài nǎr?

형용사술어문

술어의 주요 성분이 형용사인 문장을 형용사술어문이라고 한다.

他很忙。 그는 매우 바쁩니다.
Tā hěn máng.

他不太高兴。 그는 그다지 기쁘지 않습니다.
Tā bú tài gāoxìng.

문제로 실력다지기

1 상황에 맞게 대화를 완성하세요.

1) A 大夫，________________________?
B 我姓张。
A 那个大夫________________________?
B 他姓李。

2) A 她________________________?
B 是，她是我妹妹。
A 她________________________?
B 她叫京京。

3) A ________________________?
B 是，我是留学生。
A 你忙吗?
B ________________________。你呢?
A ________________________。

4) A 今天你高兴吗?
B ________________________。你呢?
A ________________________。

2 다음 상황에 근거해 대화를 나누세요.

1) 중국 친구를 처음 만나 서로 인사를 나눈다. 이름을 묻고 반가움을 표현한다.
(你和一个中国朋友初次见面，互相问候，问姓名，表现出高兴的心情。)

2) 당신은 남동생의 친구를 모른다. 동생에게 그의 이름과 직업, 건강 등에 관해 물어본다.
(你不认识弟弟的朋友，你向弟弟问他的姓名、工作和身体情况。)

3 듣고 따라 말해 보세요. 04-07

我认识王英，她是学生，认识她我很高兴。她爸爸是大夫，妈妈是老师。他们身体都很好，工作也很忙。她妹妹也是学生，她不太忙。

4 발음을 연습하세요.

1) 발음 분별하기 04-08

piāoyáng	(飘扬)	↔	biǎoyáng	(表扬)
dǒng le	(懂了)	↔	tōng le	(通了)
xiāoxi	(消息)	↔	jiāojí	(焦急)
gǔ zhǎng	(鼓掌)	↔	kù cháng	(裤长)
shǎo chī	(少吃)	↔	xiǎochī	(小吃)

2) 성조 분별하기 04-09

běifāng	(北方)	↔	běi fáng	(北房)
fènliàng	(分量)	↔	fēn liáng	(分粮)
mǎi huār	(买花儿)	↔	mài huār	(卖花儿)
dǎ rén	(打人)	↔	dàrén	(大人)
lǎo dòng	(老动)	↔	láodòng	(劳动)
róngyì	(容易)	↔	róngyī	(绒衣)

3) 성조 연습 : 제1성+제1성 04-10

fēijī	(飞机)	cānjiā	(参加)
fāshēng	(发生)	jiāotōng	(交通)
qiūtiān	(秋天)	chūntiān	(春天)
xīngqī	(星期)	yīnggāi	(应该)
chōuyān	(抽烟)	guānxīn	(关心)

我介绍一下儿

제가 소개해 드리겠습니다

05-01

019 他是谁? 그는 누구입니까?

Tā shì shéi?

020 我介绍一下儿。 제가 소개해 드리겠습니다.

Wǒ jièshào yíxiàr.

021 你去哪儿? 어디 가세요?

Nǐ qù nǎr?

022 张老师在家吗? 장 선생님은 집에 계십니까?

Zhāng lǎoshī zài jiā ma?

023 我是张老师的学生。 나는 장 선생님의 학생입니다.

Wǒ shì Zhāng lǎoshī de xuésheng.

024 请进! 들어오세요!

Qǐng jìn!

단어 익히기

05-02

| 본문 단어 |

谁 shéi 대 누구

介绍 jièshào 동 소개하다

一下儿 yíxiàr 수량 한 번

去 qù 동 가다

哪儿 nǎr 대 어디

在 zài 동 개 ~에 있다, ~에서

家 jiā 명 집

的 de 조 ~의

请 qǐng 동 청하다, 부탁하다

进 jìn 동 들어가다, 들어오다

大学 dàxué 명 대학

商店 shāngdiàn 명 상점

| 표현 확장 단어 |

看 kàn 동 보다

听 tīng 동 듣다

休息 xiūxi 동 쉬다

宿舍 sùshè 명 기숙사

教室 jiàoshì 명 교실

酒吧 jiǔbā 명 술집, 바(bar)

超市 chāoshì 명 슈퍼마켓

回 huí 동 되돌아가다, 되돌아오다

| 고유명사 |

王林 Wáng Lín 왕린 [인명]

北京大学 Běijīng Dàxué 베이징 대학

山下和子 Shānxià Hézǐ 야마시타 가즈코 [인명]

小英 Xiǎoyīng 샤오잉 [인명]

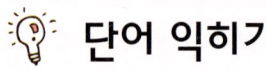

1 저 사람은 누구예요? 05-03

玛丽 Mǎlì
王兰，他是谁？
Wáng Lán, tā shì shéi?

王兰 Wáng Lán
玛丽，我介绍一下儿①，这是我哥哥。
Mǎlì, wǒ jièshào yíxiàr, zhè shì wǒ gēge.

王林 Wáng Lín
我叫王林。认识你很高兴。
Wǒ jiào Wáng Lín. Rènshi nǐ hěn gāoxìng.

玛丽 Mǎlì
认识你，我也很高兴。
Rènshi nǐ, wǒ yě hěn gāoxìng.

王兰 Wáng Lán
你去哪儿？
Nǐ qù nǎr?

玛丽 Mǎlì
我去北京大学。你们去哪儿？
Wǒ qù Běijīng Dàxué. Nǐmen qù nǎr?

王林 Wáng Lín
我们去商店。
Wǒmen qù shāngdiàn.

玛丽 Mǎlì
再见！
Zàijiàn!

王兰、王林 Wáng Lán、Wáng Lín
再见！
Zàijiàn!

2 장 선생님 집에 계세요? 05-04

和子 Hézǐ

张老师在家吗?
Zhāng lǎoshī zài jiā ma?

小英 Xiǎoyīng

在。您是—— ②
Zài. Nín shì—

和子 Hézǐ

我是张老师的学生，我姓山下，叫和子。
Wǒ shì Zhāng lǎoshī de xuésheng, wǒ xìng Shānxià, jiào Hézǐ.

你是——
Nǐ shì—

小英 Xiǎoyīng

我叫小英。张老师是我爸爸。请进!
Wǒ jiào Xiǎoyīng. Zhāng lǎoshī shì wǒ bàba. Qǐng jìn!

和子 Hézǐ

谢谢!
Xièxie!

표현 따라잡기

① **我介绍一下儿。** 제가 소개해 드리겠습니다.

다른 사람에게 소개할 때 자주 쓰는 표현이다. '一下儿'은 동작의 결과 시간이 짧거나 동작이 격식 없이 가볍게 이루어짐을 나타낸다. 여기에서는 두 번째 의미로 쓰였다.

② **您是—** 당신은……

'您是谁?'라는 뜻으로, 질문을 받은 사람은 이에 호응하여 자신의 성명이나 신분을 말한다. 상대방과 대화를 하고 있지만 본인이 상대방을 모르는 경우에 하는 질문이다. '你是谁?'는 정중한 표현이 아니므로 모르는 사람을 만났을 때는 '你是谁?'가 아니라 '您是—'라고 질문해야 한다는 점에 주의하자.

표현으로 확장하기

응용 표현 05-05

① 我介绍一下儿。

你来 Nǐ lái　　我看 Wǒ kàn

你听 Nǐ tīng　　我休息 Wǒ xiūxi

② A 你去哪儿?

B 我去北京大学。

商店 shāngdiàn　　宿舍 sùshè　　教室 jiàoshì

酒吧 jiǔbā　　超市 chāoshì

③ 张老师在家吗?

你爸爸 Nǐ bàba　　你妈妈 Nǐ māma

你妹妹 Nǐ mèimei

확장 회화 05-06

① A 你去商店吗?

Nǐ qù shāngdiàn ma?

B 我不去商店，我回家。

Wǒ bú qù shāngdiàn, wǒ huí jiā.

② A 大卫在宿舍吗?

Dàwèi zài sùshè ma?

B 不在，他在302教室。

Bú zài, tā zài sān líng èr jiàoshì.

어법으로 내공쌓기

동사술어문

술어의 주요 성분이 동사인 문장을 동사술어문이라고 한다. 동사가 목적어를 동반하는 경우, 목적어는 일반적으로 동사의 뒤에 놓인다.

他来。 그가 온다.
Tā lái.

张老师在家。 장 선생님은 집에 계신다.
Zhāng lǎoshī zài jiā.

我去北京大学。 나는 베이징대학에 간다.
Wǒ qù Běijīng Dàxué.

종속 관계를 나타내는 관형어

1) 대명사, 명사가 관형어로 쓰여 종속 관계를 나타낼 때에는 뒤에 구조조사 '的 de'가 온다.

他的书 그의 책
tā de shū

张老师的学生 장 선생님의 학생
Zhāng lǎoshī de xuésheng

王兰的哥哥 왕란의 오빠
Wáng Lán de gēge

2) 인칭대명사가 관형어로 쓰이고 중심어가 가족관계 호칭이거나 단체, 기관 등을 나타내는 명사일 경우에는 관형어 뒤에 '的 de'를 쓰지 않아도 된다.

我哥哥 나의 오빠
wǒ gēge

他姐姐 그의 누나
tā jiějie

我们学校 우리 학교
wǒmen xuéxiào

'是'자문(1)

동사 '是 shì'가 다른 단어나 구와 결합하여 술어를 이루는 문장을 '是'자문이라고 한다. 주로 '~은 ~이다'라는 뜻을 나타낸다. '是'자문의 부정형은 '是' 앞에 부정부사 '不 bù'를 붙인다.

他是大夫。 그는 의사이다.
Tā shì dàifu.

大卫是她哥哥。 데이비드는 그녀의 오빠이다.
Dàwèi shì tā gēge.

我不是学生，是老师。 나는 학생이 아니고 교사이다.
Wǒ bú shì xuésheng, shì lǎoshī.

문제로 실력다지기

1 다음 제시된 어구를 읽고 문장을 만들어 보세요. 05-07

叫什么	认识谁	在哪儿
去商店	妈妈的朋友	王兰的哥哥

2 괄호 안에 주어진 단어를 사용해 대화를 완성하세요.

1) A 王兰在哪儿?
B ______________。（教室）
A ______________?（去教室）
B 不。我______________。（回宿舍）

2) A 你认识王林的妹妹吗?
B ______________。你呢?
A 我认识。
B ______________?（名字）
A 她叫王兰。

3) A ______________?（商店）
B 去。
A 这个商店好吗?
B ______________。（好）

3 밑줄 친 부분을 의문대명사로 고쳐 의문문을 만들어 보세요.

1) 他是我的老师。 → ______________
2) 她姓王。 → ______________
3) 她叫京京。 → ______________
4) 她认识王林。 → ______________

5) 王老师去教室。 → ______________________

6) 玛丽在宿舍。 → ______________________

4 듣고 따라 말해 보세요. 05-08

我介绍一下儿，我叫玛丽，我是美国留学生。那是大卫，他是我的朋友，他也是留学生，他是法国人。刘京、王兰是我们的朋友，认识他们我们很高兴。

法国 Fǎguo 고유 프랑스

5 발음을 연습하세요.

1) 발음 분별하기 05-09

zhīdào	(知道)	↔	chídào	(迟到)
běnzi	(本子)	↔	pénzi	(盆子)
zìjǐ	(自己)	↔	cíqì	(瓷器)
niǎolóng	(鸟笼)	↔	lǎonóng	(老农)
chī lí	(吃梨)	↔	qí lǘ	(骑驴)
jiāotì	(交替)	↔	jiāo dì	(浇地)

2) 성조 분별하기 05-10

núlì	(奴隶)	↔	nǔlì	(努力)
chīlì	(吃力)	↔	chī lí	(吃梨)
jiù rén	(救人)	↔	jiǔ rén	(九人)
měijīn	(美金)	↔	méijìn	(没劲)
zhuāng chē	(装车)	↔	zhuàngchē	(撞车)
wán le	(完了)	↔	wǎn le	(晚了)

3) 성조 연습 : 제1성+제2성 05-11

bā lóu	（八楼）	gōngrén	（工人）
jīnnián	（今年）	tī qiú	（踢球）
huānyíng	（欢迎）	shēngcí	（生词）
dāngrán	（当然）	fēicháng	（非常）
gōngyuán	（公园）	jiātíng	（家庭）

복습 1

01 · 02 · 03 · 04 · 05

상황회화

1 만나서 반갑습니다 fuxi 01-01

林 Lín 你好!
Nǐ hǎo!

A 林大夫，您好!
Lín dàifu, nín hǎo!

林 Lín 你爸爸、妈妈身体好吗?
Nǐ bàba、māma shēntǐ hǎo ma?

A 他们身体都很好。谢谢!
Tāmen shēntǐ dōu hěn hǎo. Xièxie!

林 Lín 这是—
Zhè shì—

A 这是我朋友，叫马小民。
Zhè shì wǒ péngyou, jiào Mǎ Xiǎomín.

[마샤오민에게] 林大夫是我爸爸的朋友。
Lín dàifu shì wǒ bàba de péngyou.

马 Mǎ 林大夫，您好! 认识您很高兴。
Lín dàifu, nín hǎo! Rènshi nín hěn gāoxìng.

林 认识你，我也很高兴。你们去哪儿?
Lín Rènshi nǐ, wǒ yě hěn gāoxìng. Nǐmen qù nǎr?

马 我回家。
Mǎ Wǒ huí jiā.

A 我去他家。您呢?
Wǒ qù tā jiā. Nín ne?

林 我去商店。再见!
Lín Wǒ qù shāngdiàn. Zàijiàn!

A、马 再见!
A、Mǎ Zàijiàn!

2 내 이름은 마샤오칭입니다 fuxi 01-02

高 马小民在家吗?
Gāo Mǎ Xiǎomín zài jiā ma?

B 在。您贵姓?
Zài. Nín guìxìng?

高 我姓高，我是马小民的老师。
Gāo Wǒ xìng Gāo, wǒ shì Mǎ Xiǎomín de lǎoshī.

B 高老师，请进。
Gāo lǎoshī, qǐng jìn.

高 Gāo	您是— Nín shì—
B	我是马小民的姐姐，我叫马小清。 Wǒ shì Mǎ Xiǎomín de jiějie, wǒ jiào Mǎ Xiǎoqīng.

fuxi 01-03

林 Lín 고유 린 [성]

马 Mǎ 고유 마 [성]

马小清 Mǎ Xiǎoqīng 고유 마샤오칭 [인명]

马小民 Mǎ Xiǎomín 고유 마샤오민 [인명]

高 Gāo 고유 까오 [성]

핵심어법

★ '也'와 '都'의 위치

1 부사 '也 yě'와 '都 dōu'는 반드시 주어의 뒤, 술어동사나 형용사의 앞에 온다. '也'와 '都'가 동시에 술어를 수식하는 경우에는 반드시 '也'가 '都'의 앞에 놓인다.

我也很好。 나도 잘 지냅니다.
Wǒ yě hěn hǎo.

他们都很好。 그들은 모두 잘 지냅니다.
Tāmen dōu hěn hǎo.

我们都是学生，他们也都是学生。 우리는 모두 학생이고, 그들도 모두 학생입니다.
Wǒmen dōu shì xuésheng, tāmen yě dōu shì xuésheng.

2 '都 dōu'는 일반적으로 앞에 나온 사람이나 사물을 총괄하므로 '我们都认识他。'라는 표현만 가능하며 '我都认识他们。'이라고는 말할 수 없다.

실전연습

1 발음과 성조를 분별하세요.

① 유기음(送气音)과 무기음(不送气音) fuxi 01-04

b	bǎo le（饱了）	——	p	pǎo le（跑了）
d	dà de（大的）	——	t	tā de（他的）
g	gāi zǒu le（该走了）	——	k	kāi zǒu le（开走了）
j	dì-jiǔ（第九）	——	q	dìqiú（地球）

② 혼동하기 쉬운 성모와 운모 구별하기 fuxi 01-05

j	jiějie（姐姐）	——	x	xièxie（谢谢）
s	sìshísì（四十四）	——	sh	shì yi shì（试一试）
üe	dàxué（大学）	——	ie	dà xié（大鞋）
uan	yì zhī chuán（一只船）	——	uang	yì zhāng chuáng（一张床）

③ 성조가 다르면 뜻이 달라지는 단어 구별하기 fuxi 01-06

yǒu	（有）	—	yòu	（又）
jǐ	（几）	—	jì	（寄）
piāo	（漂）	—	piào	（票）
shí	（十）	—	shì	（是）
sī	（丝）	—	sì	（四）
xǐ	（洗）	—	xī	（西）

2 제3성 음절을 이어서 읽어 보세요. fuxi 01-07

① Wǒ hǎo.
Wǒ hěn hǎo.
Wǒ yě hěn hǎo.

② Nǐ yǒu.
Nǐ yǒu biǎo.
Nǐ yě yǒu biǎo.

단문독해 fuxi 01-08

他叫大卫。他是法国人。他在北京语言大学学习。
Tā jiào Dàwèi. Tā shì Fǎguórén. Tā zài Běijīng Yǔyán Dàxué xuéxí.

玛丽是美国人。她认识大卫。他们是同学。
Mǎlì shì Měiguórén. Tā rènshi Dàwèi. Tāmen shì tóngxué.

刘京和王兰都是中国人。他们都认识玛丽和大卫。他们常去留学生宿舍看玛丽和大卫。
Liú Jīng hé Wáng Lán dōu shì Zhōngguórén. Tāmen dōu rènshi Mǎlì hé Dàwèi. Tāmen cháng qù liúxuéshēng sùshè kàn Mǎlì hé Dàwèi.

玛丽和大卫的老师姓张。张老师很忙。他身体不太好。张老师的爱人是大夫，她身体很好，工作很忙。
Mǎlì hé Dàwèi de lǎoshī xìng Zhāng. Zhāng lǎoshī hěn máng. Tā shēntǐ bú tài hǎo. Zhāng lǎoshī de àiren shì dàifu, tā shēntǐ hěn hǎo, gōngzuò hěn máng.

法国 Fǎguó 고유 프랑스
同学 tóngxué 명 학우, 학교 친구
中国人 Zhōngguórén 명 중국인
北京语言大学 Běijīng Yǔyán Dàxué 고유 베이징어언대학
和 hé 접 ~와/과
爱人 àiren 명 남편, 아내

06 你的生日是几月几号?

당신의 생일은 몇 월 며칠입니까?

06-01

025 今天几号? 오늘은 며칠입니까?
Jīntiān jǐ hào?

026 今天八号。 오늘은 8일입니다.
Jīntiān bā hào.

027 今天不是星期四，昨天星期四。
Jīntiān bú shì xīngqīsì, zuótiān xīngqīsì.
오늘은 목요일이 아닙니다. 어제가 목요일이었습니다.

028 晚上你做什么? 저녁에 당신은 무엇을 합니까?
Wǎnshang nǐ zuò shénme?

029 你的生日是几月几号? 당신의 생일은 몇 월 며칠입니까?
Nǐ de shēngrì shì jǐ yuè jǐ hào?

030 我们上午去她家，好吗? 우리 오전에 그녀의 집에 가는 게 어때요?
Wǒmen shàngwǔ qù tā jiā, hǎo ma?

단어 익히기

06-02

| 본문 단어 |

几 jǐ 수 몇

星期 xīngqī 명 주, 요일

昨天 zuótiān 명 어제

晚上 wǎnshang 명 저녁

做 zuò 동 하다

生日 shēngrì 명 생일

上午 shàngwǔ 명 오전

电影 diànyǐng 명 영화

星期天(星期日) xīngqītiān (xīngqīrì) 명 일요일

音乐 yīnyuè 명 음악

电视 diànshì 명 텔레비전

写 xiě 동 쓰다

信 xìn 명 편지

下午 xiàwǔ 명 오후

书店 shūdiàn 명 서점, 책방

买 mǎi 동 사다

东西 dōngxi 명 물건

岁 suì 양 살, 세 [나이를 세는 양사]

| 표현 확장 단어 |

书 shū 명 책

| 고유명사 |

张丽英 Zhāng Lìyīng 장리잉 [인명]

| 읽고, 듣고, 쓰고, 반복해서 외우세요 |

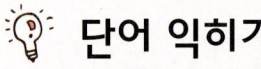

1 오늘은 며칠인가요? 06-03

玛丽 Mǎlì
今天几号?
Jīntiān jǐ hào?

大卫 Dàwèi
今天八号。
Jīntiān bā hào.

玛丽 Mǎlì
今天星期四吗?
Jīntiān xīngqīsì ma?

大卫 Dàwèi
今天不是星期四，昨天星期四。
Jīntiān bú shì xīngqīsì, zuótiān xīngqīsì.

玛丽 Mǎlì
明天星期六。
Míngtiān xīngqīliù.

晚上你做什么?
Wǎnshang nǐ zuò shénme?

大卫 Dàwèi
我看电影。你呢?
Wǒ kàn diànyǐng. Nǐ ne?

玛丽 Mǎlì
我去酒吧。
Wǒ qù jiǔbā.

2 무슨 요일인가요? 06-04

玛丽 Mǎlì	你的生日是几月几号? Nǐ de shēngrì shì jǐ yuè jǐ hào?
王兰 Wáng Lán	三月十七号。你呢? Sān yuè shíqī hào. Nǐ ne?
玛丽 Mǎlì	五月九号。 Wǔ yuè jiǔ hào.
王兰 Wáng Lán	四号是张丽英的生日。 Sì hào shì Zhāng Lìyīng de shēngrì.
玛丽 Mǎlì	四号星期几? Sì hào xīngqī jǐ?
王兰 Wáng Lán	星期天。 Xīngqītiān.
玛丽 Mǎlì	你去她家吗? Nǐ qù tā jiā ma?
王兰 Wáng Lán	去。你呢? Qù. Nǐ ne?
玛丽 Mǎlì	我也去。 Wǒ yě qù.
王兰 Wáng Lán	我们上午去,好吗? Wǒmen shàngwǔ qù, hǎo ma?
玛丽 Mǎlì	好。 Hǎo.

표현으로 확장하기

응용 표현 06-05

① 今天几号?

昨天 zuótiān　　明天 míngtiān

这个星期六 zhège xīngqīliù　　这个星期日 zhège xīngqīrì

② A 晚上你做什么?

B 我看电影。

看书 kàn shū　　听音乐 tīng yīnyuè

看电视 kàn diànshì　　写信 xiě xìn

③ 我们上午去她家，好吗?

晚上去酒吧 wǎnshang qù jiǔbā　　下午去书店 xiàwǔ qù shūdiàn

星期天听音乐 xīngqītiān tīng yīnyuè　　明天去买东西 míngtiān qù mǎi dōngxi

확장 회화 06-06

① A 明天是几月几号，星期几?

Míngtiān shì jǐ yuè jǐ hào, xīngqī jǐ?

B 明天是十一月二十八号，星期日。

Míngtiān shì shíyī yuè èrshíbā hào, xīngqīrì.

② 这个星期五是我朋友的生日。他今年二十岁。下午我去他家看他。

Zhège xīngqīwǔ shì wǒ péngyou de shēngrì. Tā jīnnián èrshí suì. Xiàwǔ wǒ qù tā jiā kàn tā.

어법으로 내공쌓기

명사술어문

1) 명사나 명사구, 수량사 등이 직접 술어를 이루는 문장을 명사술어문이라고 한다. 긍정문에는 '是 shì'를 쓰지 않는다.(만약 '是'를 쓰면 동사술어문이 된다.) 이런 문장은 주로 시간이나 나이, 본적 및 수량 등을 표현하고자 할 때 쓴다.

今天星期天。 오늘은 일요일이다.
Jīntiān xīngqītiān.

我今年二十岁。 나는 올해 스무 살이다.
Wǒ jīnnián èrshí suì.

他北京人。 그는 베이징 사람이다.
Tā Běijīngrén.

2) 부정을 나타낼 때는 명사술어 앞에 '不是 bú shì'를 붙여 동사술어문으로 만든다.

今天不是星期天。 오늘은 일요일이 아니다.
Jīntiān bú shì xīngqītiān.

他不是北京人。 그는 베이징 사람이 아니다.
Tā bú shì Běijīngrén.

년, 월, 일, 요일을 표시하는 법

1) 연도 : 각각의 숫자를 읽는다.

一九九八年 yī jiǔ jiǔ bā nián 1998년
二零零六年 èr líng líng liù nián 2006년
二零一五年 èr líng yī wǔ nián 2015년
二零二零年 èr líng èr líng nián 2020년

2) 월 : '一 yī'에서 '十二 shí'èr'까지의 수사 뒤에 '月 yuè'를 붙여 준다.

一月 yī yuè 1월　　五月 wǔ yuè 5월
九月 jiǔ yuè 9월　　十二月 shí'èr yuè 12월

3) **일** : '一 yī'에서 '三十一 sānshíyī'까지의 수사 뒤에 '日 rì'나 '号 hào'를 붙여 준다. ('日'는 서면어에, '号'는 구어에 많이 쓰인다.)

4) **요일** : '星期 xīngqī' 뒤에 수사 '一 yī'에서 '六 liù'까지 붙여준다. 일요일은 '星期日 xīngqīrì' 혹은 '星期天 xīngqītiān'이라고 한다.

5) 년, 월, 일, 요일을 쓰는 순서는 다음과 같다.

2017年 9月 15日(星期五)
èr líng yī qī nián jiǔ yuè shíwǔ rì(xīngqīwǔ)

'……，好吗?'

1) '~하는 게 어때요?'라는 뜻으로, 어떤 건의를 한 후 상대방의 의견을 물을 때 쓰는 의문문이다. 의문문의 앞부분은 평서문으로 이루어진다.

你来我宿舍，好吗? 네가 내 기숙사로 오는 게 어때?
Nǐ lái wǒ sùshè, hǎo ma?

明天去商店，好吗? 내일 상점에 가는 게 어때?
Míngtiān qù shāngdiàn, hǎo ma?

2) 만약 동의한다면 '好 hǎo'나 '好啊 hǎo a' 등으로 대답한다.

문제로 실력다지기

1 다음 제시된 어구를 읽고 몇 개를 골라 문장을 만들어 보세요. 06-07

做什么	看书	他的生日	星期天下午	看电视
买什么	看电影	我的宿舍	明天上午	听音乐
			今天晚上	写信

2 상황에 맞게 대화를 완성하세요.

1) A 明天星期几?

B ______________________________。

A ______________________________?

B 我看电视。

2) A 这个星期六是几月几号?

B ______________________________。

A 你去商店吗?

B ______________________________，我工作很忙。

3) A 这个星期天晚上你做什么?

B ______________________________。你呢?

A ______________________________。

3 다음 상황에 근거해 대화를 나누세요.

1) 친구들이 서로 자신의 생일을 소개한다.
(同学们互相介绍自己的生日。)

2) 아래의 몇 가지 일을 하는 시간을 소개한다.
(介绍一下儿你做下面几件事情的时间。)

看书	看电视	听音乐	写信	看电影

4 듣고 따라 말해 보세요. 06-08

今天星期天，我不学习。上午我去商店，下午我去看朋友。晚上我写信。

学习 xuéxí 동 공부하다

5 발음을 연습하세요.

1) 발음 분별하기 06-09

zhuànglì	（壮丽）	chuànglì	（创立）
zǎoyuán	（枣园）	cǎoyuán	（草原）
rénmín	（人民）	shēngmíng	（声明）
pǎobù	（跑步）	bǎohù	（保护）
niúnǎi	（牛奶）	yóulǎn	（游览）
qǐ zǎo	（起早）	xǐzǎo	（洗澡）

2) 성조 분별하기 06-10

túdì	（徒弟）	tǔdì	（土地）
xuèyè	（血液）	xuéyè	（学业）
cāi yi cāi	（猜一猜）	cǎi yi cǎi	（踩一踩）
zǔzhī	（组织）	zǔzhǐ	（阻止）
jiǎnzhí	（简直）	jiānzhí	（兼职）
jiǎngqíng	（讲情）	jiǎng qīng	（讲清）

3) 성조 연습 : 제1성+제3성 06-11

qiānbǐ	（铅笔）	jīchǎng	（机场）
xīnkǔ	（辛苦）	jīnglǐ	（经理）
shēntǐ	（身体）	cāochǎng	（操场）
hēibǎn	（黑板）	kāishǐ	（开始）
fāngfǎ	（方法）	gēwǔ	（歌舞）

즐거운 문화이야기

중국의 행정구획

1. **성**: 22개
2. **자치구**: 5개(네이멍구 자치구, 닝샤후이족 자치구, 광시 좡족 자치구, 신장웨이우얼 자치구, 시짱 자치구)
3. **직할시**: 4개(베이징, 톈진, 상하이, 충칭)
4. **특별행정구**: 2개(홍콩, 마카오)

중국의 행정구획은 성省을 기본 단위로 하여 자치구自治区, 직할시直辖市, 특별행정구特别行政区로 나뉜다. 22개의 성, 5개의 소수민족 자치구, 4개의 직할시와 2개의 특별행정구로 이루어져 있다.

자치구는 네이멍구内蒙古 자치구, 닝샤후이족宁夏回族 자치구, 광시 좡족广西壮族 자치구, 신장웨이우얼新疆维吾尔 자치구, 시짱西藏 자치구로 구성되어 있다.

직할시는 수도 베이징北京을 포함하여 톈진天津, 상하이上海, 충칭重庆이 있으며, 홍콩香港과 마카오澳门는 특별행정구로 분류된다.

07 你家有几口人?

당신의 가족은 몇 명입니까?

07-01

031 你家有几口人? 당신의 가족은 몇 명입니까?
Nǐ jiā yǒu jǐ kǒu rén?

032 你妈妈做什么工作? 당신의 어머니는 어떤 일을 하십니까?
Nǐ māma zuò shénme gōngzuò?

033 她在大学工作。 그녀는 대학에서 일합니다.
Tā zài dàxué gōngzuò.

034 我家有爸爸、妈妈和一个弟弟。
Wǒ jiā yǒu bàba、māma hé yí ge dìdi.
우리 집에는 아버지, 어머니, 그리고 남동생이 한 명 있습니다.

035 哥哥结婚了。 오빠(형)는 결혼했습니다.
Gēge jiéhūn le.

036 他们没有孩子。 그들은 자녀가 없습니다.
Tāmen méiyǒu háizi.

단어 익히기

07-02

| 본문 단어 |

有 yǒu 동 있다

口 kǒu 양 명 [식구 수를 세는 양사]

和 hé 접 ~와/과

结婚 jiéhūn 동 결혼하다

了 le 조 동작의 변화나 완료를 나타냄

没 méi 부 ~않다 [과거의 경험·행위·사실 등을 부정함]

孩子 háizi 명 아이

两 liǎng 수 둘, 2

学习 xuéxí 동 공부하다

英语 Yīngyǔ 명 영어

职员 zhíyuán 명 직원

银行 yínháng 명 은행

爱人 àiren 명 아내, 남편

护士 hùshi 명 간호사

| 표현 확장 단어 |

汉语 Hànyǔ 명 중국어

日语 Rìyǔ 명 일본어

韩语 Hányǔ 명 한국어

上课 shàngkè 동 수업을 듣다

上网 shàngwǎng 동 인터넷을 하다

网 wǎng 명 인터넷

电脑 diànnǎo 명 컴퓨터

手机 shǒujī 명 휴대전화

下课 xiàkè 동 수업을 마치다

| 고유명사 |

李成日 Lǐ Chéngrì 이성일 [인명]

北京语言大学 Běijīng Yǔyán Dàxué 베이징어언대학

회화로 배우기

1 가족이 몇 명이에요? 07-03

大卫 刘京，你家有几口人？①
Dàwèi Liú Jīng, nǐ jiā yǒu jǐ kǒu rén?

刘京 四口人。你家呢？
Liú Jīng Sì kǒu rén. Nǐ jiā ne?

大卫 两口人②，妈妈和我。
Dàwèi Liǎng kǒu rén, māma hé wǒ.

刘京 你妈妈做什么工作？
Liú Jīng Nǐ māma zuò shénme gōngzuò?

大卫 她是老师。她在大学工作。
Dàwèi Tā shì lǎoshī. Tā zài dàxué gōngzuò.

2 아버지, 어머니, 그리고 남동생이 한 명 있어요 07-04

李成日 和子，你家有什么人？
Lǐ Chéngrì Hézǐ, nǐ jiā yǒu shénme rén?

和子 爸爸、妈妈和一个弟弟。
Hézǐ Bàba、māma hé yí ge dìdi.

李成日 你弟弟是学生吗？
Lǐ Chéngrì Nǐ dìdi shì xuésheng ma?

和子 是，他学习英语。
Hézǐ Shì, tā xuéxí Yīngyǔ.

李成日 你妈妈工作吗？
Lǐ Chéngrì Nǐ māma gōngzuò ma?

和子 她不工作。
Hézǐ Tā bù gōngzuò.

3 언니는 은행에서 일해요 07-05

王兰 你家有谁？③
Wáng Lán Nǐ jiā yǒu shéi?

玛丽 爸爸、妈妈和姐姐。
Mǎlì Bàba、māma hé jiějie.

王兰 你姐姐工作吗？
Wáng Lán Nǐ jiějie gōngzuò ma?

玛丽 工作。她是职员，在银行工作。你哥哥做什么工作？
Mǎlì Gōngzuò. Tā shì zhíyuán, zài yínháng gōngzuò. Nǐ gēge zuò shénme gōngzuò?

王兰 他是大夫。
Wáng Lán Tā shì dàifu.

玛丽 他结婚了吗？
Mǎlì Tā jiéhūn le ma?

王兰 结婚了。他爱人是护士。
Wáng Lán Jiéhūn le. Tā àiren shì hùshi.

玛丽 他们有孩子吗?
Mǎlì Tāmen yǒu háizi ma?

王兰 没有。
Wáng Lán Méiyǒu.

표현 따라잡기

① **你家有几口人?** 당신의 가족은 몇 명입니까?

'几口人'이라는 표현은 가족의 인원수를 물을 때만 쓴다. 다른 상황에서 사람 수를 물을 때에는 양사 '个'나 '位'를 써야 한다.

② **两口人** 두 식구

'两'과 '二'은 모두 숫자 '2'를 나타낸다. 일반적으로 양사 앞에서는 '两'을 쓰고, '二'을 쓰지 않는다.

예 两个朋友 两个哥哥

그러나 12, 32 등과 같이 10 이상의 숫자 중의 '2'는 뒤에 양사의 유무와 관계없이 모두 '二'을 쓰고 '两'을 쓰지 않는다. 예 十二点 二十二个学生

③ **你家有谁?** 당신의 가족은 누구누구입니까?

이 문장은 '你家有什么人?'과 같은 의미이다. '谁'는 단수(1명)를 의미할 수도 있고, 복수(여러 명)를 의미할 수도 있다.

표현으로 확장하기

응용 표현 07-06

① 他学习英语。

汉语 Hànyǔ　　日语 Rìyǔ　　韩语 Hányǔ

② 她在银行工作。

教室 jiàoshì | 上课 shàngkè
宿舍 sùshè | 上网 shàngwǎng
家 jiā | 看电视 kàn diànshì

③ 他们有孩子吗?

你 nǐ | 姐姐 jiějie
他 tā | 妹妹 mèimei
你 nǐ | 英语书 Yīngyǔ shū
他 tā | 汉语书 Hànyǔ shū
你 nǐ | 电脑 diànnǎo
他 tā | 手机 shǒujī

확장 회화 07-07

① 我在北京语言大学学习。
Wǒ zài Běijīng Yǔyán Dàxué xuéxí.

② 今天有汉语课，明天没有课。
Jīntiān yǒu Hànyǔ kè, míngtiān méiyǒu kè.

③ 下课了，我回宿舍休息。
Xiàkè le, wǒ huí sùshè xiūxi.

어법으로 내공쌓기

'有'자문

술어가 '有 yǒu'와 그 목적어로 이루어진 문장을 '有'자문이라고 한다. 이 문형은 소유관계를 나타낸다. 부정형은 '有' 앞에 부사 '没 méi'를 써야 하며, '不 bù'는 쓸 수 없다.

我有汉语书。 나는 중국어책이 있다.
Wǒ yǒu Hànyǔ shū.

他没有哥哥。 그는 형이 없다.
Tā méiyǒu gēge.

他没有日语书。 그는 일본어책이 없다.
Tā méiyǒu Rìyǔ shū.

개사구조

개사와 그 목적어로 이루어진 개사구조는 자주 동사 앞에 쓰여 부사어 역할을 한다.

在银行工作 은행에서 일하다
zài yínháng gōngzuò

在教室上课 교실에서 수업을 듣다
zài jiàoshì shàngkè

문제로 실력다지기

1 알맞은 동사를 골라 빈칸을 채우세요.

听	写	学习	看	有	叫	是

1) ________什么名字
2) ________几口人
3) ________学生
4) ________汉语
5) ________音乐
6) ________信
7) ________电视

2 '几'를 사용해 대화를 완성하세요.

1) A ________?
B 明天星期四。
A ________?
B 明天是六月一号。

2) A ________?
B 王老师家有四口人。
A 他有孩子吗?
B ________。
A ________?
B 他有一个孩子。

3 다음 상황에 근거해 대화를 나누세요.

1) 친구들이 서로 자신의 가족을 소개한다.
(同学们互相介绍自己的家人。)

2) 자신이 어디에서 공부하는지, 무엇을 공부하는지 소개한다.
(介绍一下儿自己在哪儿学习、学习什么。)

4 듣고 따라 말해 보세요. 07-08

小明五岁，他有一个哥哥，哥哥是学生。他爸爸、妈妈都工作。小明说，他家有五口人。那一个是谁？是他的猫。

说 shuō 동 말하다 | 猫 māo 명 고양이

5 발음을 연습하세요.

1) 성조 연습 : 제1성+제4성 07-09

dōu qù	(都去)	gāoxìng	(高兴)
shāngdiàn	(商店)	shēngqì	(生气)
yīnyuè	(音乐)	shēngdiào	(声调)
chī fàn	(吃饭)	bāngzhù	(帮助)
gōngzuò	(工作)	xūyào	(需要)

2) 제3성의 성조 변화 07-10

hěn (很)	xīn	(新)	nǐ (你)	chī	(吃)
	bái	(白)		xué	(学)
	zǎo	(早)		zǒu	(走)
	jiù	(旧)		zuò	(坐)

즐거운 문화이야기

중국의 수도, 베이징

❶ **면적**: 16,410km^2
❷ **인구**: 2,172.9만 명(2016년 기준)
❸ **방언**: 北京话
❹ **대표 관광지**: 톈안먼, 고궁, 이허위안, 만리장성, 명13릉 등

중국의 수도 베이징은 면적 약 16,410km^2, 인구 약 2,173만 명(2016년 기준)으로 중국에서 상하이 다음으로 인구가 많은 도시이자, 상주인구가 무려 2천만 명이 넘는 초거대도시이다. 서울의 약 27배 면적에 2배의 인구가 상주하는 셈이다.

베이징은 전국시대에는 연燕나라의 수도였으며, 후에 요辽, 금金, 원元, 명明, 청清나라를 거쳐 중화민국中华民国 초기의 수도로서 800년의 역사를 이어왔다. 1928년 국민당 정권이 들어서며 수도가 난징南京으로 옮겨지고 '베이핑北平'이라는 이름으로 바뀌기도 했으나, 이후 1949년 중화인민공화국中华人民共和国의 수립과 함께 다시 수도로 정해졌다.

베이징은 국가역사문화 도시이자 세계에서 세계문화유산을 가장 많이 보유한 도시이다. 3천여 년의 역사를 가진 고궁故宫, 톈탄天坛, 만리장성长城, 이허위안颐和园 등 수많은 명승고적을 관람할 수 있다.

톈안먼과 베이징 시 전경

08 现在几点?

지금 몇 시입니까?

08-01

037 现在几点? 지금 몇 시입니까?
Xiànzài jǐ diǎn?

038 现在七点二十五分。 지금 7시 25분입니다.
Xiànzài qī diǎn èrshíwǔ fēn.

039 你几点上课? 당신은 몇 시에 수업이 있습니까?
Nǐ jǐ diǎn shàngkè?

040 差一刻八点去。 8시 15분 전에 갑니다.
Chà yí kè bā diǎn qù.

041 我去吃饭。 나는 밥을 먹으러 갑니다.
Wǒ qù chī fàn.

042 我们什么时候去? 우리는 언제 갑니까?
Wǒmen shénme shíhou qù?

043 太早了。 너무 이르군요.
Tài zǎo le.

044 我也六点半起床。 나도 6시 30분에 일어납니다.
Wǒ yě liù diǎn bàn qǐchuáng.

단어 익히기

08-02

| 본문 단어 |

现在 xiànzài 명 지금, 현재

点 diǎn 양 시

分 fēn 양 분

差 chà 동 모자라다

刻 kè 양 15분

吃 chī 동 먹다

饭 fàn 명 밥

时候 shíhou 명 시각, 때

半 bàn 수 반, 30분

起床 qǐchuáng 동 일어나다

早上 zǎoshang 명 아침

吧 ba 조 제안·청유·동의를 나타냄

| 표현 확장 단어 |

食堂 shítáng 명 식당

花(儿) huā(r) 명 꽃

打 dǎ 동 치다, (놀이·운동을) 하다

网球 wǎngqiú 명 테니스

水 shuǐ 명 물

睡觉 shuìjiào 동 (잠을) 자다

早饭 zǎofàn 명 아침밥

| 고유명사 |

长城 Chángchéng 만리장성

| 읽고, 듣고, 쓰고, 반복해서 외우세요 |

1 지금 7시 25분이에요 08-03

玛丽 Mǎlì　现在几点?
Xiànzài jǐ diǎn?

王兰 Wáng Lán　现在七点二十五分。
Xiànzài qī diǎn èrshíwǔ fēn.

玛丽 Mǎlì　你几点上课?
Nǐ jǐ diǎn shàngkè?

王兰 Wáng Lán　八点。
Bā diǎn.

玛丽 Mǎlì　你什么时候去教室?
Nǐ shénme shíhou qù jiàoshì?

王兰 Wáng Lán　差一刻八点去。
Chà yí kè bā diǎn qù.

玛丽 Mǎlì　现在你去教室吗?
Xiànzài nǐ qù jiàoshì ma?

王兰 Wáng Lán　不去，我去吃饭。
Bú qù, wǒ qù chī fàn.

2 몇 시에 일어나요? 08-04

刘京
Liú Jīng
明天去长城，好吗？
Míngtiān qù Chángchéng, hǎo ma?

大卫
Dàwèi
好，什么时候去？
Hǎo, shénme shíhou qù?

刘京
Liú Jīng
早上七点。
Zǎoshang qī diǎn.

大卫
Dàwèi
太早了。七点半吧。你几点起床？
Tài zǎo le. Qī diǎn bàn ba. Nǐ jǐ diǎn qǐchuáng?

刘京
Liú Jīng
六点半，你呢？
Liù diǎn bàn, nǐ ne?

大卫
Dàwèi
我也六点半起床。
Wǒ yě liù diǎn bàn qǐchuáng.

표현으로 확장하기

응용 표현 08-05

① A 现在几点?
B 现在7:25。

10 : 15 shí diǎn shíwǔ fēn(yí kè)
3 : 45 sān diǎn sìshíwǔ fēn(chà yí kè sì diǎn)
11 : 35 shíyī diǎn sānshíwǔ fēn
12 : 10 shí'èr diǎn shí fēn
2 : 30 liǎng diǎn sānshí fēn(liǎng diǎn bàn)
8 : 15 bā diǎn shíwǔ fēn(yí kè)
2 : 55 liǎng diǎn wǔshíwǔ fēn(chà wǔ fēn sān diǎn)
5 : 20 wǔ diǎn èrshí fēn

② A 你什么时候去教室?
B 差一刻八点去。

来教室 lái jiàoshì | 2:00来 liǎng diǎn lái
来我的宿舍 lái wǒ de sùshè | 4:00来 sì diǎn lái
去食堂 qù shítáng | 11:55去 shíyī diǎn wǔshíwǔ fēn qù
去上海 qù Shànghǎi | 7月28号去 qī yuè èrshíbā hào qù
去日本 qù Rìběn | 1月25号去 yī yuè èrshíwǔ hào qù

③ 我去吃饭。

买花 mǎi huā
打网球 dǎ wǎngqiú
买水 mǎi shuǐ
听音乐 tīng yīnyuè
看电影 kàn diànyǐng
睡觉 shuìjiào

확장 회화 08-06

① 现在两点零五分，我去大卫宿舍看他。
Xiànzài liǎng diǎn líng wǔ fēn, wǒ qù Dàwèi sùshè kàn tā.

② 早上七点一刻吃早饭。
Zǎoshang qī diǎn yí kè chī zǎofàn.

어법으로 내공쌓기

시간 읽는 법

2:00	两点 2시 liǎng diǎn	
6:05	六点零五分 6시 5분 liù diǎn líng wǔ fēn	
8:15	八点十五分 bā diǎn shíwǔ fēn	八点一刻 8시 15분 bā diǎn yí kè
10:30	十点三十分 10시 30분 shí diǎn sānshí fēn	十点半 10시 반 shí diǎn bàn
11:45	十一点四十五分 shíyī diǎn sìshíwǔ fēn	十一点三刻 11시 45분 shíyī diǎn sān kè
	差一刻十二点 12시 15분 전 chà yí kè shí'èr diǎn	
1:50	一点五十分 1시 50분 yì diǎn wǔshí fēn	差十分两点 2시 10분 전 chà shí fēn liǎng diǎn

시간사

1) 시간을 나타내는 명사나 수량사는 주어나 술어, 관형어로 쓰일 수 있다.

现在八点。 지금 8시이다. [주어]
Xiànzài bā diǎn.

今天五号。 오늘은 5일이다. [술어]
Jīntiān wǔ hào.

他看八点二十的电影。 그는 8시 20분 영화를 본다. [관형어]
Tā kàn bā diǎn èrshí de diànyǐng.

晚上的电视很好。 저녁의 텔레비전 프로그램은 매우 좋다. [관형어]
Wǎnshang de diànshì hěn hǎo.

2) 시간사가 부사어로 쓰이면 주어와 술어 사이에 놓일 수도 있고, 주어 앞에 놓일 수도 있다.

我晚上看电视。 나는 저녁에 텔레비전을 본다.
Wǒ wǎnshang kàn diànshì.

晚上我看电视。 저녁에 나는 텔레비전을 본다.
Wǎnshang wǒ kàn diànshì.

3) 부사어로 쓰인 시간사가 2개 이상일 때에는 더 긴 시간을 나타내는 단어가 앞에 놓인다.

今天晚上八点二十分我看电影。 오늘 저녁 8시 20분에 나는 영화를 볼 것이다.
Jīntiān wǎnshang bā diǎn èrshí fēn wǒ kàn diànyǐng.

4) 시간사와 장소사가 동시에 부사어를 이룰 때, 일반적으로 시간사가 장소사의 앞에 온다.

她现在在银行工作。 그녀는 현재 은행에서 근무한다.
Tā xiànzài zài yínháng gōngzuò.

문제로 실력다지기

1 다음 시간을 중국어로 말하고, 5개를 골라 문장을 만들어 보세요.

10:00	6:30	4:35	8:05	7:15
9:25	11:45	2:55	3:20	12:10

2 상황에 맞게 대화를 완성하세요.

1) A 你们几点上课?

B ____________________。

A 你几点去教室?

B ____________________。现在几点?

A ____________________。

2) A ____________________?

B 十二点半吃午饭。

A ____________________?

B 我十二点十分去食堂。

3 실제 상황에 근거해 질문에 대답해 보세요.

1) 你几点起床? 你吃早饭吗? 几点吃早饭?

2) 你几点上课? 几点下课? 几点吃饭?

3) 你几点吃晚饭(wǎnfàn 저녁밥)? 几点睡觉?

4) 星期六你几点起床? 几点睡觉?

4 당신의 하루를 소개해 보세요.

5 듣고 따라 말해 보세요. 08-07

今天星期六，我们不上课。小王说，晚上有一个好电影，他和我一起去看，我很高兴。

下午六点我去食堂吃饭，六点半去小王的宿舍，七点我们去看电影。

说 shuō 동 말하다 | 一起 yìqǐ 부 함께, 같이

6 발음을 연습하세요.

1) 성조 연습 : 제1성+경성 08-08

yīfu	(衣服)	xiūxi	(休息)
dōngxi	(东西)	zhīshi	(知识)
chuānghu	(窗户)	tāmen	(他们)
dāozi	(刀子)	bōli	(玻璃)
māma	(妈妈)	zhuōzi	(桌子)

2) 자주 쓰이는 발음 08-09

de	xīn de	(新的)	shi	lǎoshī	(老师)
	cháng de	(长的)		shí ge	(十个)
	wǒ de	(我的)		jiàoshì	(教室)
	jiù de	(旧的)		zhīshi	(知识)

즐거운 문화이야기

중국의 공휴일

중국의 공휴일은 크게 궈칭제国庆节, 라오둥제劳动节 등 정치적 의미의 명절과 춘제春节, 칭밍제清明节, 돤우제端午节, 중치우제中秋节 등 전통 명절로 나뉜다. 이 중 춘제와 궈칭제는 2대 명절로 지정하여 7일 연휴를 보장하고 있다. 중국의 해당연도 공휴일은 전해에 중국 국무원에서 제정되어 공표되며, 이때 연휴 기간과 연휴로 인한 대체근무일을 알 수 있다.

공휴일	날짜	활동
위안단 (元旦 Yuándàn, 원단)	양력 1월 1일	연하장 보내기
춘제 (春节 Chūnjié, 춘절)	음력 1월 1일	새해 인사, 녠화(年画)·춘롄(春联) 붙이기 온 가족이 모여 식사하며 한 해의 복을 기원하기
칭밍제 (清明节 Qīngmíngjié, 청명절)	양력 4월 5일경	성묘하기, 지전(纸钱) 태우기 나무 심기, 연날리기
라오둥제 (劳动节 Láodòngjié, 노동절)	양력 5월 1일	노동절 행사
돤우제 (端午节 Duānwǔjié, 단오절)	음력 5월 5일	쭝쯔(粽子) 먹기, 용선(龙船) 경기 오색 팔찌 만들기, 향주머니 달기
중치우제 (中秋节 Zhōngqiūjié, 중추절)	음력 8월 15일	월병(月饼) 먹기, 온 가족이 모여 식사하기 달맞이(赏月), 등 축제
궈칭제 (国庆节 Guóqìngjié, 국경절)	양력 10월 1일	건국 기념일 경축 행사

09 你住在哪儿?

당신은 어디에 삽니까?

09-01

045 **你住在哪儿?** 당신은 어디에 삽니까?

Nǐ zhù zài nǎr?

046 **我住在留学生宿舍。** 나는 유학생 기숙사에 삽니다.

Wǒ zhù zài liúxuéshēng sùshè.

047 **多少号房间?** 몇 호실입니까?

Duōshao hào fángjiān?

048 **你家在哪儿?** 당신의 집은 어디에 있습니까?

Nǐ jiā zài nǎr?

049 **欢迎你去玩儿。** 놀러 오세요.

Huānyíng nǐ qù wánr.

050 **她常去。** 그녀는 자주 갑니다.

Tā cháng qù.

051 **我们一起去吧。** 우리 함께 갑시다.

Wǒmen yìqǐ qù ba.

052 **那太好了!** 그럼 정말 좋지요!

Nà tài hǎo le!

단어 익히기

09-02

| 본문 단어 |

住 zhù 동 살다, 거주하다

多少 duōshao 대 얼마, 몇

号 hào 양 숫자 뒤에서 차례·순서를 나타냄

房间 fángjiān 명 방

欢迎 huānyíng 동 환영하다

玩儿 wánr 동 놀다

常(常) cháng(cháng) 부 항상, 자주

一起 yìqǐ 부 함께, 같이

楼 lóu 명 건물

路 lù 명 길

知道 zhīdào 동 알다

问 wèn 동 묻다

旁边 pángbiān 명 옆

对 duì 형 개 동 맞다, ~에 대해, 대하다

| 표현 확장 단어 |

公园 gōngyuán 명 공원

邮局 yóujú 명 우체국

学校 xuéxiào 명 학교

邮票 yóupiào 명 우표

宾馆 bīnguǎn 명 호텔

层 céng 명 층

| 고유명사 |

学院路 Xuéyuàn Lù 쉐에위안루

清华大学 Qīnghuá Dàxué 칭화대학

上海 Shànghǎi 상하이

北京饭店 Běijīng Fàndiàn 베이징호텔

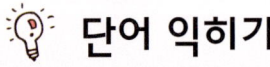

北京 Běijīng 베이징

1 어디에 살아요? 09-03

刘京 Liú Jīng	你住在哪儿? Nǐ zhù zài nǎr?
大卫 Dàwèi	我住在留学生宿舍。 Wǒ zhù zài liúxuéshēng sùshè.
刘京 Liú Jīng	几号楼? ① Jǐ hào lóu?
大卫 Dàwèi	九号楼。 Jiǔ hào lóu.
刘京 Liú Jīng	多少号房间? ①② Duōshao hào fángjiān?
大卫 Dàwèi	308房间。② 你家在哪儿? Sān líng bā fángjiān. Nǐ jiā zài nǎr?
刘京 Liú Jīng	我家在学院路25号，欢迎你去玩儿。 Wǒ jiā zài Xuéyuàn Lù èrshíwǔ hào, huānyíng nǐ qù wánr.
大卫 Dàwèi	谢谢! Xièxie!

2 나는 몰라요 09-04

李成日 张丽英家在哪儿?
Lǐ Chéngrì Zhāng Lìyīng jiā zài nǎr?

玛丽 我不知道。王兰知道。她常去。
Mǎlì Wǒ bù zhīdào. Wáng Lán zhīdào. Tā cháng qù.

李成日 好，我去问她。
Lǐ Chéngrì Hǎo, wǒ qù wèn tā.

표현 따라잡기

① **几号楼?** 몇 동입니까? **多少号房间?** 몇 호실입니까?
이 두 문장의 '几'와 '多少'는 모두 숫자를 묻는 데 쓰인다. 10 이하의 수를 물을 때에는 일반적으로 '几'를 쓰며, 10 이상의 수를 물을 때는 '多少'를 쓴다.

② **多少号房间?** 몇 호실입니까? **308房间。** 308호입니다.
'号'는 숫자 뒤에 쓰여 순서를 나타내며 일반적으로 생략하지 않는다. 예 9号楼 23号房间
만약 숫자가 세 자리 이상이면 '号'를 생략하고, 숫자는 문자 그대로 읽는다. 예 303楼 2032房间

③ **那太好了!** 그럼 정말 좋지요!
여기에서 '那'는 '那样的话(그렇다면)'의 의미이다. '太好了'는 만족이나 감탄을 나타내며, '太'는 정도가 매우 높음을 의미한다.

3 우리 함께 가요 09-05

李成日 王兰，张丽英家在哪儿？
Lǐ Chéngrì Wáng Lán, Zhāng Lìyīng jiā zài nǎr?

王兰 清华大学旁边。你去她家吗？
Wáng Lán Qīnghuá Dàxué pángbiān. Nǐ qù tā jiā ma?

李成日 对，明天我去她家。
Lǐ Chéngrì Duì, míngtiān wǒ qù tā jiā.

王兰 你不认识路，我们一起去吧。
Wáng Lán Nǐ bú rènshi lù, wǒmen yìqǐ qù ba.

李成日 那太好了！③
Lǐ Chéngrì Nà tài hǎo le!

표현으로 확장하기

응용 표현 09-06

① A 你住在哪儿?
B 我住在留学生宿舍。

9号楼308房间 jiǔ hào lóu sān líng bā fángjiān
5号楼204房间 wǔ hào lóu èr líng sì fángjiān
上海 Shànghǎi
北京饭店 Běijīng Fàndiàn

② 欢迎你去玩儿。

来我家玩儿 lái wǒ jiā wánr
来北京工作 lái Běijīng gōngzuò
来语言大学学习 lái Yǔyán Dàxué xuéxí

③ 她常去张丽英家。

那个公园 nàge gōngyuán
留学生宿舍 liúxuéshēng sùshè
那个邮局 nàge yóujú
他们学校 tāmen xuéxiào

확장 회화 09-07

A 你去哪儿?
Nǐ qù nǎr?

B 我去邮局买邮票。你知道王老师住在哪儿吗?
Wǒ qù yóujú mǎi yóupiào. Nǐ zhīdào Wáng lǎoshī zhù zài nǎr ma?

A 他住在宾馆2层234房间。
Tā zhù zài bīnguǎn èr céng èr sān sì fángjiān.

어법으로 내공쌓기

연동문

동사술어문 중 하나의 주어에 대해 두 개 이상의 동사(구)가 연이어 사용될 때, 이러한 문장을 연동문이라고 한다. '주어+술어1(+목적어1)+술어2(+목적어2)'의 어순으로, 주어는 두 동작의 행위자이다. 두 동작은 이치상 혹은 자연적인 선후관계를 가진다.

주어 + 술어1(+목적어1) + 술어2(+목적어2)

下午我去他家看他。 오후에 나는 그를 보러 그의 집에 간다.
Xiàwǔ wǒ qù tā jiā kàn tā.

王林常去看电影。 왕린은 자주 영화를 보러 간다.
Wáng Lín cháng qù kàn diànyǐng.

星期天大卫来我家玩儿。 일요일에 데이비드는 우리 집에 놀러 온다.
Xīngqītiān Dàwèi lái wǒ jiā wánr.

我去他宿舍看他。 나는 그를 보러 그의 기숙사에 간다.
Wǒ qù tā sùshè kàn ta.

부사어

동사나 형용사 앞에서 수식을 하는 성분을 부사어라고 한다. 부사, 형용사, 시간사, 개사구조 등이 모두 부사어로 쓰일 수 있다.

她常去我家玩儿。 그녀는 자주 우리 집에 놀러 온다.
Tā cháng qù wǒ jiā wánr.

你们快来。 여러분 빨리 오세요.
Nǐmen kuài lái.

我们上午去。 우리는 오전에 간다.
Wǒmen shàngwǔ qù.

他姐姐在银行工作。 그의 누나는 은행에서 일한다.
Tā jiějie zài yínháng gōngzuò.

문제로 실력다지기

1 다음 어휘를 읽고 몇 개를 골라 문장을 만들어 보세요. 09-08

一起	玩儿
	看
	吃
	来

常	看
	听
	问

在	家
	大学
	教室
	银行

问	老师
	大夫
	谁

买	书
	饭
	东西

2 실제 상황에 근거해 질문에 대답해 보세요.

1) 你家在哪儿？ 你的宿舍在哪儿？

2) 你住在几号楼？ 多少号房间？

3) 星期天你常去哪儿？ 晚上你常做什么？ 你常写信吗？

3 [보기]와 같이 제시된 어휘를 사용해 문장을 만들어 보세요.

| 보기 | 家 在 → 王老师的家在北京大学。

1) 商店 在 → ______________________

2) 谁 认识 → ______________________

3) 一起 听 → ______________________

4 당신의 친구에 대해 이야기해 보세요.

| 화제 | 그/그녀는 어디에 사는지, 어디에서 공부하는지, 어디에서 일하는지 등을 말한다.
(说说他/她住在哪儿，在哪儿学习或工作，等等。)

5 발음을 연습하세요.

1) 성조 연습 : 제2성+제1성 09-09

míngtiān	(明天)	zuótiān	(昨天)
jiéhūn	(结婚)	fángjiān	(房间)
máoyī	(毛衣)	pángbiān	(旁边)
qiántiān	(前天)	shíjiān	(时间)
hónghuā	(红花)	huí jiā	(回家)

2) 자주 쓰이는 발음 09-10

wo	niǎowō	(鸟窝)	ru	rúguǒ	(如果)
	wǒmen	(我们)		bǔrǔ	(哺乳)
	wòshǒu	(握手)		rùxué	(入学)

즐거운 문화이야기

전통 의상 치파오

❶ **유래**: 만주족의 창파오
❷ **영문명**: cheongsam, chi-pao
❸ **특징**: 스탠드 카라, 옆 트임, 장식용 단추
❹ **의의**: 국제 공식석상 예복

치파오旗袍는 중국 여성의 전통 의상으로, 만주족满族의 창파오长袍라는 옷에서 유래하였다. 만주족을 '치런旗人'이라고 부르던 명칭에서 그들이 입는 옷을 치파오라 부르게 된 것이다. 본래의 형태는 남녀 구분 없이 바지와 함께 입던 발목을 넘는 길이의 옷이었다.

치파오

민국民国 20년대 이후 가장 보편적인 여성 복장이 되었고, 1929년에는 국가 예복으로 확정되었다. 50년대 이후, 치파오는 점차 쇠퇴기를 맞았는데, 특히 문화대혁명 시기에는 봉건시대의 잔재이자 부르주아 계급의 산물로 간주되어 수난을 겪었다.

80년대 개혁개방 이후 전통문화가 다시 중시되는 분위기 속에서 영상문화 및 패션쇼, 미인대회 등을 통해 점차 그 가치가 재평가되며, 중국뿐 아니라 세계 각 지역으로 널리 퍼졌다.

1984년, 국무원国务院은 치파오를 여성 외교관 예복으로 지정했다. 1990년 베이징 아시안게임을 시작으로 중국에서 거행된 올림픽, 아시안게임 및 국제회의, 각종 박람회에서 치파오는 공식 예복으로 여러 차례 선정되었다. 2011년 5월, 국무원은 치파오 제작 공예를 비물질문화유산으로 공표했다.

10 邮局在哪儿?

우체국이 어디에 있습니까?

10-01

053 八号楼在邮局旁边。 8동은 우체국 옆에 있습니다.
Bā hào lóu zài yóujú pángbiān.

054 去八号楼怎么走? 8동에 가려면 어떻게 갑니까?
Qù bā hào lóu zěnme zǒu?

055 那个楼就是八号楼。 저 건물이 바로 8동입니다.
Nàge lóu jiù shì bā hào lóu.

056 请问,邮局在哪儿? 말씀 좀 여쭙겠습니다, 우체국이 어디에 있습니까?
Qǐngwèn, yóujú zài nǎr?

057 往前走就是邮局。 앞으로 가면 바로 우체국입니다.
Wǎng qián zǒu jiù shì yóujú.

058 邮局离这儿远不远? 우체국은 여기에서 멉니까?
Yóujú lí zhèr yuǎn bu yuǎn?

059 百货大楼在什么地方? 백화점은 어디에 있습니까?
Bǎihuò Dàlóu zài shénme dìfang?

060 在哪儿坐车? 어디에서 차를 탑니까?
Zài nǎr zuò chē?

단어 익히기

10-02

| 본문 단어 |

怎么 zěnme 대 어떻게, 왜

走 zǒu 동 가다, 걷다

就 jiù 부 곧, 바로

请问 qǐngwèn 동 말씀 좀 여쭙겠습니다

往 wǎng 개 동 ~쪽으로, 가다

前 qián 명 앞

离 lí 개 ~에서, ~로부터

这儿 zhèr 대 여기, 이곳

远 yuǎn 형 멀다

地方 dìfang 명 곳, 장소

坐 zuò 동 앉다, 타다

车 chē 명 자동차

前边 qiánbian 명 앞쪽

公共汽车 gōnggòng qìchē 명 버스

那儿 nàr 대 거기, 그곳

| 표현 확장 단어 |

西边 xībian 명 서쪽

南边 nánbian 명 남쪽

北边 běibian 명 북쪽

操场 cāochǎng 명 운동장

东边 dōngbian 명 동쪽

近 jìn 형 가깝다

| 고유명사 |

百货大楼 Bǎihuò Dàlóu 백화점

王府井 Wángfǔjǐng 왕푸징

天安门 Tiān'ānmén 톈안먼

1 우체국 옆에 있어요 10-03

A 请问，八号楼在哪儿？
Qǐngwèn, bā hào lóu zài nǎr?

李成日 Lǐ Chéngrì 在邮局旁边。
Zài yóujú pángbiān.

A 去八号楼怎么走？
Qù bā hào lóu zěnme zǒu?

李成日 Lǐ Chéngrì 你看，那个楼就是。①
Nǐ kàn, nàge lóu jiù shì.

2 그다지 멀지 않아요 10-04

和子 Hézǐ 请问，邮局在哪儿？②
Qǐngwèn, yóujú zài nǎr?

B 往前走就是邮局。
Wǎng qián zǒu jiù shì yóujú.

和子 Hézǐ 离这儿远不远？
Lí zhèr yuǎn bu yuǎn?

B 不太远。就在银行前边。①
Bú tài yuǎn. Jiù zài yínháng qiánbian.

3 어떻게 갈 거예요? 10-05

玛丽 Mǎlì
请问，百货大楼在什么地方?
Qǐngwèn, Bǎihuò Dàlóu zài shénme dìfang?

C
在王府井。
Zài Wángfǔjǐng.

玛丽 Mǎlì
离天安门远不远?
Lí Tiān'ānmén yuǎn bu yuǎn?

C
不远。您怎么去?
Bù yuǎn. Nín zěnme qù?

玛丽 Mǎlì
坐公共汽车。请问在哪儿坐车?
Zuò gōnggòng qìchē. Qǐngwèn zài nǎr zuò chē?

C
就在那儿。①
Jiù zài nàr.

玛丽 Mǎlì
谢谢!
Xièxie!

표현 따라잡기

① **那个楼就是。** 저 건물이 바로 그것입니다.
就在银行旁边。 바로 은행 옆에 있습니다.
就在那儿。 바로 저기에 있습니다.
이 세 문장에서 부사 '就'는 모두 긍정의 어기를 강화하기 위해 쓰였다.

② **请问，邮局在哪儿?** 말씀 좀 여쭙겠습니다. 우체국이 어디에 있습니까?
'请问'은 다른 사람에게 질문할 때 습관적으로 사용하는 인사치레 표현이다. 반드시 질문할 내용의 앞에 써야 한다.

표현으로 확장하기

응용 표현 10-06

① A 八号楼在哪儿?
B 在邮局旁边。

留学生食堂西边 liúxuéshēng shítáng xībian
那个楼南边 nàge lóu nánbian
他的宿舍楼北边 tā de sùshè lóu běibian
操场东边 cāochǎng dōngbian

② 邮局离这儿远不远?

他家 tā jiā | 北京语言大学 Běijīng Yǔyán Dàxué
北京饭店 Běijīng Fàndiàn | 这儿 zhèr
食堂 shítáng | 宿舍 sùshè

③ 在哪儿坐车?

学习汉语 xuéxí Hànyǔ
吃饭 chī fàn
买电脑 mǎi diànnǎo
工作 gōngzuò
休息 xiūxi

확장 회화 10-07

他爸爸在商店工作。那个商店离他家很近。他爸爸早上七点半去工作，下午五点半回家。
Tā bàba zài shāngdiàn gōngzuò. Nàge shāngdiàn lí tā jiā hěn jìn. Tā bàba zǎoshang qī diǎn bàn qù gōngzuò, xiàwǔ wǔ diǎn bàn huí jiā.

어법으로 내공쌓기

방위사

'旁边 pángbiān' '前边 qiánbian' 등은 모두 방위사이다. 방위사는 명사의 일종으로 주어, 목적어, 관형어 등의 문장성분이 될 수 있다. 관형어로 쓰일 때에는 일반적으로 '的'를 사용하여 중심어와 연결한다.

东边的房间 동쪽 방
dōngbian de fángjiān

前边的商店 앞쪽 상점
qiánbian de shāngdiàn

정반의문문

술어의 긍정형과 부정형을 함께 나열하여 의문문을 만들 수 있는데, 이를 정반의문문이라고 한다.

你今天来不来? 당신은 오늘 옵니까?
Nǐ jīntiān lái bu lái?

这个电影好不好? 이 영화는 좋습니까?
Zhège diànyǐng hǎo bu hǎo?

这是不是你们的教室? 이곳이 여러분의 교실입니까?
Zhè shì bu shì nǐmen de jiàoshì?

王府井离这儿远不远? 왕푸징은 여기에서 멉니까?
Wángfǔjǐng lí zhèr yuǎn bu yuǎn?

문제로 실력다지기

1 알맞은 단어를 골라 빈칸을 채우세요.

去	在	离	回	买	往

1) 八号楼__________九号楼不太远。

2) 食堂__________宿舍旁边。

3) 邮局很近，__________前走就是。

4) 今天晚上我不学习，__________家看电视。

5) 我们__________宿舍休息一下儿吧。

6) 这本(běn, 권)书很好，你__________不__________？

2 다음 문장이 맞으면 √, 틀리면 X를 표시하세요.

1) 我哥哥在学校工作。 (　　)
   我哥哥工作在学校。 (　　)

2) 操场宿舍很近。 (　　)
   操场离宿舍很近。 (　　)

3) 我在食堂吃早饭。 (　　)
   我吃早饭在食堂。 (　　)

4) 他去银行早上八点半。 (　　)
   他早上八点半去银行。 (　　)

3 실제 상황에 근거해 질문에 대답해 보세요.

1) 谁坐在你旁边？谁坐在你前边？

2) 谁住在你旁边的房间？

3) 你知道邮局、银行在哪儿吗？怎么走？

4 듣고 따라 말해 보세요. 10-08

邮局离银行不远，我常去那儿买邮票、寄信。书店在银行旁边。那个书店很大，书很多，我常去那儿买书。

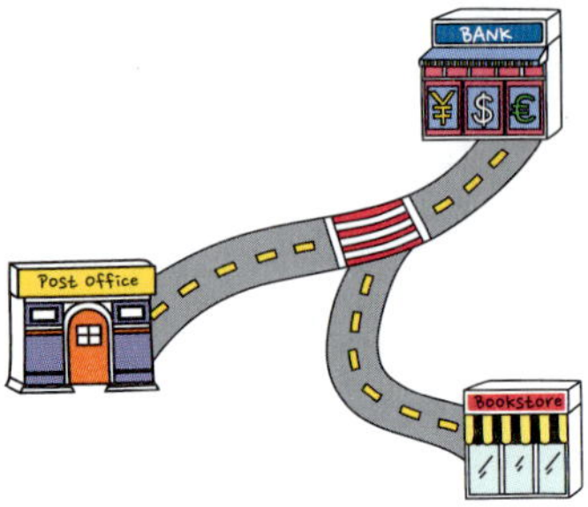

寄 jì 동 부치다

5 발음을 연습하세요.

1) 성조 연습 : 제2성+제2성 10-09

liúxué	(留学)	yínháng	(银行)
zhíyuán	(职员)	xuéxí	(学习)
shítáng	(食堂)	huídá	(回答)
tóngxué	(同学)	rénmín	(人民)
wénmíng	(文明)	értóng	(儿童)

2) 자주 쓰이는 발음 10-10

yi	yīshēng	(医生)	bu	bú qù	(不去)
	yí ge	(一个)		bǔyǔ	(补语)
	yǐzi	(椅子)		bùxié	(布鞋)
	yìjiàn	(意见)		hǎo bu hǎo	(好不好)
	piányi	(便宜)			

3) 큰 소리로 읽기 10-11

A Qǐngwèn, Běijīng Dàxué zài nǎr?
B Zài Qīnghuá Dàxué xībian.
A Qīnghuá Dàxué dōngbian shì Yǔyán Dàxué ma?
B Duì. Zhèr yǒu hěn duō dàxué. Yǔyán Dàxué nánbian hái yǒu hǎo jǐ ge dàxué.
A Cóng zhèr wǎng běi zǒu, dàxué bù duō le, shì bu shì?
B Shì de.

잰말놀이로 발음 연습 | 绕口令 ràokǒulìng

rao 01

四是四，十是十，四不是十，十不是四。
Sì shì sì, shí shì shí, sì bú shì shí, shí bú shì sì.
十四是十四，四十是四十，十四不是四十，四十不是十四。
Shísì shì shísì, sìshí shì sìshí, shísì bú shì sìshí, sìshí bú shì shísì.
4는 4이고, 10은 10이다. 4는 10이 아니고, 10은 4가 아니다. 14는 14이고, 40은 40이다. 14는 40이 아니고, 40은 14가 아니다.

rao 02

吃葡萄不吐葡萄皮，不吃葡萄倒吐葡萄皮。
Chī pútao bù tǔ pútao pí, bù chī pútao dào tǔ pútao pí.
포도를 먹고 포도 껍질을 뱉지 않는다. 포도를 먹지 않았는데 오히려 포도 껍질을 뱉는다.

rao 03

妈妈骑马，马慢，妈妈骂马慢。
Māma qí mǎ, mǎ màn, māma mà mǎ màn.
엄마가 말을 타는데 말이 너무 느리다. 엄마는 말이 느리다고 말을 혼낸다.

rao 04

种了种种的种子。
Zhòng le zhǒng zhǒng de zhǒngzi.
각종 씨앗을 심었다.

rao 05

四只狮子，十只狮子，十四只狮子，四十只狮子，四十四只狮子。
Sì zhī shīzi, shí zhī shīzi, shísì zhī shīzi, sìshí zhī shīzi, sìshísì zhī shīzi.
사자 네 마리, 사자 열 마리, 사자 열 네 마리, 사자 마흔 마리, 사자 마흔 네 마리.

복습 2

06 · 07 · 08 · 09 · 10

상황회화

1 그곳을 알아요? fuxi 02-01

王 Wáng　小卫，我们什么时候去小李家？
Xiǎo Wèi, wǒmen shénme shíhou qù Xiǎo Lǐ jiā?

卫 Wèi　星期天，好吗？
Xīngqītiān, hǎo ma?

王 Wáng　好。他家在上海饭店旁边吧？
Hǎo. Tā jiā zài Shànghǎi Fàndiàn pángbiān ba?

卫 Wèi　他搬家了，现在在中华路38号。
Tā bānjiā le, xiànzài zài Zhōnghuá Lù sānshíbā hào.

你认识那个地方吗？
Nǐ rènshi nàge dìfang ma?

王 Wáng　不认识，问一下儿小马吧。
Bú rènshi, wèn yíxiàr Xiǎo Mǎ ba.

2 여기에서 멀어요? fuxi 02-02

卫 Wèi
小马，中华路在什么地方？你知道吗？
Xiǎo Mǎ, Zhōnghuá Lù zài shénme dìfang? Nǐ zhīdào ma?

马 Mǎ
中华路离我奶奶家很近。你们去那儿做什么？
Zhōnghuá Lù lí wǒ nǎinai jiā hěn jìn. Nǐmen qù nàr zuò shénme?

王 Wáng
看一个朋友。那儿离这儿远吗？
Kàn yí ge péngyou. Nàr lí zhèr yuǎn ma?

马 Mǎ
不太远。星期天我去奶奶家，你们和我一起去吧。
Bú tài yuǎn. Xīngqītiān wǒ qù nǎinai jiā, nǐmen hé wǒ yìqǐ qù ba.

3 우리는 안 갈래요 fuxi 02-03

王 Wáng
小马，你奶奶不和你们住在一起吗？
Xiǎo Mǎ, nǐ nǎinai bù hé nǐmen zhù zài yìqǐ ma?

马 Mǎ
不住在一起。奶奶一个人住，我和爸爸、妈妈常去看她。
Bú zhù zài yìqǐ. Nǎinai yí ge rén zhù, wǒ hé bàba、māma cháng qù kàn tā.

卫 Wèi
你奶奶身体好吗？
Nǐ nǎinai shēntǐ hǎo ma?

马 Mǎ
身体很好。她今年六十七岁了。前边就是我奶奶家，
Shēntǐ hěn hǎo. Tā jīnnián liùshíqī suì le. Qiánbian jiù shì wǒ nǎinai jiā,
你们去坐一会儿吧！
nǐmen qù zuò yíhuìr ba!

王 Wáng
十点了，我们不去了。
Shí diǎn le, wǒmen bú qù le.

马 再见!
Mǎ Zàijiàn!

卫、王 再见!
Wèi、Wáng Zàijiàn!

fuxi 02-04

小卫 Xiǎo Wèi 고유 샤오웨이 [인명]
搬家 bānjiā 동 이사하다
奶奶 nǎinai 명 할머니
上海饭店 Shànghǎi Fàndiàn 고유 상하이호텔
中华路 Zhōnghuá Lù 고유 중화루
一会儿 yíhuìr 부 잠시, 잠깐 동안

핵심어법

★ 문장의 주요 성분

1 주어와 술어

중국어의 문장은 크게 주어와 술어로 나눌 수 있다. 주어는 일반적으로 술어의 앞에 놓인다.

你好! 안녕!
Nǐ hǎo!

我去商店。 나는 상점에 간다.
Wǒ qù shāngdiàn.

문맥을 통해 대상이나 상황을 분명히 알 수 있는 경우에는 주어나 술어를 생략할 수 있다.

A 你好吗? 잘 지내니?
Nǐ hǎo ma?

B (我)很好。 (나는) 잘 지내. [주어 생략]
(Wǒ) hěn hǎo.

A 谁是学生? 누가 학생이야?
Shéi shì xuésheng?

B 他(是学生)。 그(가 학생이야). [술어 생략]
Tā (shì xuésheng).

2 목적어

목적어는 동사와 관계되는 성분으로, 일반적으로 동사의 뒤에 놓인다.

我认识**他**。 나는 그를 안다.
Wǒ rènshi tā.

他有一个**哥哥**。 그는 형이 한 명 있다.
Tā yǒu yí ge gēge.

他是**学生**。 그는 학생이다.
Tā shì xuésheng.

3 관형어

관형어는 일반적으로 명사를 수식한다. 관형어와 중심어 사이에는 구조조사 '的 de'가 올 수 있다.

王兰的朋友 왕란의 친구
Wáng Lán de péngyou

张丽英的生日 장리잉의 생일
Zhāng Lìyīng de shēngrì

인칭대명사가 관형어로 쓰이고 그 중심어가 친족, 단체, 부문 등을 나타내는 명사일 경우에는 '的 de'를 쓰지 않아도 된다.

我姐姐 우리 언니(누나)
wǒ jiějie

我们学校 우리 학교
wǒmen xuéxiào

4 부사어

부사어는 동사나 형용사를 수식할 때 쓰이며, 일반적으로 중심어의 앞에 놓인다.

我**很**好。 나는 잘 지낸다.
Wǒ hěn hǎo.

他们**都**来。 그들은 모두 온다.
Tāmen dōu lái.

他**在家**看电视。 그는 집에서 텔레비전을 본다.
Tā zài jiā kàn diànshì.

실전연습

1 질문에 대답해 보세요.

① 一年有几个月？一个月有几个星期？一个星期有几天？

② 今天几月几号？明天星期几？星期天是几月几号？

③ 你家有几口人？他们是谁？你妈妈工作不工作？你住在哪儿？你家离学校远不远？

2 제시된 문장으로 회화를 연습해 보세요.

① 안부 묻기

你好！	你早！	你……身体好吗？
你好吗？	早上好！	他好吗？
你身体好吗？	你工作忙不忙？	

② 소개하기

您贵姓？	他姓什么？	我介绍一下儿。
你叫什么名字？	他是谁？	我叫……
你是——		我是……
		这是……
		认识你很高兴。

③ 질문하기

A. 시각 묻기

……几月几号星期几？	……几点？
你的生日……？	你几点……？
你什么时候……？	

B. 길 묻기

……在哪儿？	去……怎么走？
……离这儿远吗？	

C. 주소 묻기

你家在哪儿?	你住在哪儿?
你住在多少号房间?	

D. 가족 관계 묻기

你家有几口人?	你家有什么人?
你家有谁?	你有……吗?
你……做什么工作?	

3 발음을 연습하세요.

① 성조 연습 : 제2성+제2성 fuxi 02-05

tóngxué （同学）
nán tóngxué （男同学）
nán tóngxué lái （男同学来）
nán tóngxué lái wánr （男同学来玩儿）

② 큰 소리로 읽기 fuxi 02-06

A Yóujú lí zhèr yuǎn ma?
B Bú tài yuǎn, jiù zài nàr.
A Nàge yóujú dà bu dà?
B Hěn dà. Nǐ jì dōngxi ma?
A Duì, hái mǎi míngxìnpiàn.

단문독해 fuxi 02-07

张丽英家有四口人：爸爸、妈妈、姐姐和她。
Zhāng Lìyīng jiā yǒu sì kǒu rén: bàba、māma、jiějie hé tā.

她爸爸是大夫。五十七岁了，身体很好。他工作很忙，星期天常常不休息。
Tā bàba shì dàifu. Wǔshíqī suì le, shēntǐ hěn hǎo. Tā gōngzuò hěn máng, xīngqītiān chángcháng bù xiūxi.

她妈妈是银行职员，今年五十五岁。
Tā māma shì yínháng zhíyuán, jīnnián wǔshíwǔ suì.

她姐姐是老师。今年二月结婚了。她不住在爸爸妈妈家。
Tā jiějie shì lǎoshī. Jīnnián èr yuè jiéhūn le. Tā bú zhù zài bàba māma jiā.

昨天是星期五，下午没有课。我们去她家了。她家在北京饭店旁边。
Zuótiān shì xīngqīwǔ, xiàwǔ méiyǒu kè. Wǒmen qù tā jiā le. Tā jiā zài Běijīng Fàndiàn pángbiān.

我们到她家的时候，她爸爸、妈妈不在家。我们和她一起谈话、听音乐、看电视……。
Wǒmen dào tā jiā de shíhou, tā bàba、māma bú zài jiā. Wǒmen hé tā yìqǐ tánhuà、tīng yīnyuè、kàn diànshì…….

五点半张丽英的爸爸、妈妈都回家了。她姐姐也来了。我们在她家吃晚饭，晚上八点半我们就回学校了。
Wǔ diǎn bàn Zhāng Lìyīng de bàba、māma dōu huí jiā le. Tā jiějie yě lái le. Wǒmen zài tā jiā chī wǎnfàn, wǎnshang bā diǎn bàn wǒmen jiù huí xuéxiào le.

到 dào 동 도착하다

谈话 tánhuà 동 이야기하다

11 我要买橘子

나는 귤을 사려고 합니다

11-01

061 **您要什么?** 무엇을 원합니까?
Nín yào shénme?

062 **苹果多少钱一斤?** 사과가 한 근에 얼마입니까?
Píngguǒ duōshao qián yì jīn?

063 **七块五(毛)一斤。** 한 근에 7위안 5마오입니다.
Qī kuài wǔ (máo) yì jīn.

064 **您要多少?** 얼마나 드릴까요?
Nín yào duōshao?

065 **您还要别的吗?** 더 필요한 것이 있습니까?
Nín hái yào biéde ma?

066 **不要了。** 없습니다.
Bú yào le.

067 **我要买橘子。** 나는 귤을 사려고 합니다.
Wǒ yào mǎi júzi.

068 **您尝尝。** 맛 좀 보세요.
Nín chángchang.

단어 익히기

11-02

| 본문 단어 |

要 yào 동 조동 원하다, ~하려고 하다

苹果 píngguǒ 명 사과

钱 qián 명 돈

斤 jīn 양 근 [무게 단위]

块(元) kuài (yuán) 양 위안 [화폐 단위]

毛(角) máo (jiǎo) 양 마오 [화폐 단위]

还 hái 부 아직, 여전히

别的 biéde 다른 것

橘子 júzi 명 귤

尝 cháng 동 맛보다

售货员 shòuhuòyuán 명 판매원

种 zhǒng 양 종류

贵 guì 형 비싸다

便宜 piányi 형 싸다

| 표현 확장 단어 |

喝 hē 동 마시다

录音 lùyīn 명 녹음

发 fā 동 보내다, 부치다, 발송하다

电子邮件 diànzǐ yóujiàn 명 전자우편, 이메일

多 duō 형 많다

瓶 píng 명 병

| 고유명사 |

(可口)可乐 (Kěkǒu) kělè (코카)콜라

| 읽고, 듣고, 쓰고, 반복해서 외우세요 |

1 한 근에 얼마예요? 11-03

售货员 您要什么?
Shòuhuòyuán Nín yào shénme?

大卫 我要苹果。多少钱一斤? ①
Dàwèi Wǒ yào píngguǒ. Duōshao qián yì jīn?

售货员 七块五(毛)。②
Shòuhuòyuán Qī kuài wǔ (máo).

大卫 那种呢?
Dàwèi Nà zhǒng ne?

售货员 九块三。
Shòuhuòyuán Jiǔ kuài sān.

大卫 要这种吧。
Dàwèi Yào zhè zhǒng ba.

售货员 要多少?
Shòuhuòyuán Yào duōshao?

大卫 两斤。
Dàwèi Liǎng jīn.

售货员 还要别的吗?
Shòuhuòyuán Hái yào biéde ma?

大卫 不要了。
Dàwèi Bú yào le.

2 너무 비싸요 11-04

售货员 您要买什么？
Shòuhuòyuán Nín yào mǎi shénme?

玛丽 我要买橘子。一斤多少钱？①
Mǎlì Wǒ yào mǎi júzi. Yì jīn duōshao qián?

售货员 六块八。
Shòuhuòyuán Liù kuài bā.

玛丽 太贵了。
Mǎlì Tài guì le.

售货员 那种便宜。
Shòuhuòyuán Nà zhǒng piányi.

玛丽 那种好不好？
Mǎlì Nà zhǒng hǎo bu hǎo?

售货员 您尝尝。
Shòuhuòyuán Nín chángchang.

玛丽 好，我要四个。
Mǎlì Hǎo, wǒ yào sì ge.

售货员 这是一斤半，八块五毛。还买别的吗？
Shòuhuòyuán Zhè shì yì jīn bàn, bā kuài wǔ máo. Hái mǎi biéde ma?

玛丽 不要了。
Mǎlì Bú yào le.

표현 따라잡기

① **(苹果)多少钱一斤?** (사과가) 한 근에 얼마입니까?

(橘子)一斤多少钱? (귤이) 한 근에 얼마입니까?

이 두 문장의 의미는 같으며, 모두 한 근의 가격을 묻고 있다. 단지 앞 문장은 '얼마'에 한 근을 살 수 있는지 묻는 데 중점을 두고, 뒤 문장은 '한 근'에 얼마인지에 중점을 둔다.

② **七块五(毛)。** 7위안 5마오입니다.

중국 화폐인 '런민비(人民币)'의 단위는 '元' '角' '分'이며, 구어에서는 '块' '毛' '分'을 많이 쓴다. 모두 십진법을 기본으로 한다. '毛'나 '分'이 마지막 자리에 올 때는 생략할 수 있다.

예 1.30元 → 一块三 2.85元 → 两块八毛五

표현으로 확장하기

응용 표현 11-05

① A 您要什么？
B 我要苹果。

看 kàn | 汉语书 Hànyǔ shū

喝 hē | (可口)可乐 (Kěkǒu) kělè

听 tīng | 录音 lùyīn

学习 xuéxí | 汉语 Hànyǔ

② 你尝尝。

看 kàn　　听 tīng　　问 wèn

③ 我要买橘子。

看电视 kàn diànshì

吃苹果 chī píngguǒ

喝水 hē shuǐ

上网 shàngwǎng

发电子邮件 fā diànzǐ yóujiàn

확장 회화 11-06

① 我常去百货大楼买东西。那儿的东西很多，也很便宜。
Wǒ cháng qù Bǎihuò Dàlóu mǎi dōngxi. Nàr de dōngxi hěn duō, yě hěn piányi.

② A 你要喝什么？
Nǐ yào hē shénme?

B 有可乐吗？
Yǒu kělè ma?

A 有。

Yǒu.

B 要两瓶吧。

Yào liǎng píng ba.

어법으로 내공쌓기

어기조사 '了'(1)

어기조사 '了 le'는 문장 끝에 놓여 상황에 변화가 있음을 나타낸다.

这个月我不忙了。 이번 달에는 바쁘지 않다. [전에는 바빴음]

Zhège yuè wǒ bù máng le.

现在他有工作了。 이제 그는 일이 있다. [전에는 일이 없었음]

Xiànzài tā yǒu gōngzuò le.

동사의 중첩

중국어의 일부 동사는 중첩할 수 있는데, 중첩 형식은 동사의 음절 수에 따라 달라진다. 단음절 동사의 중첩 형식은 AA이고, 이음절 동사의 중첩 형식은 ABAB이다. 동사 중첩은 동작이나 행위의 '짧은 지속이나 진행', 또한 동작이 가볍고 부담없음을 나타낸다. '시험 삼아 한번 ~해 보다'라는 시도의 의미를 나타내기도 한다.

看看 좀 보다
kànkan

听听 좀 들어 보다
tīngting

尝尝 좀 맛보다
chángchang

休息休息 좀 쉬다
xiūxi xiūxi

介绍介绍 좀 소개하다
jièshào jièshào

문제로 실력다지기

1 다음 액수를 중국어로 읽어 보세요.

6.54元	10.05元	2.30元	8.20元	42.52元
1.32元	9.06元	57.04元	100元	24.9元

2 [보기]와 같이 동사의 중첩 형식으로 문장을 만들어 보세요.

| 보기 | 问 → 问问老师，明天上课吗?

1) 介绍 → ______________________

2) 看 → ______________________

3) 听 → ______________________

4) 学习 → ______________________

5) 休息 → ______________________

6) 玩儿 → ______________________

3 괄호 안의 단어가 들어갈 알맞은 위치를 고르세요.

1) 我姐姐不去 A 书店 B。（了）

2) 我明天不来 A 上课 B。（了）

3) 您还 A 要 B 吗？（别的）

4) 这是两 A 斤 B，还 A 买 B 吗？（半，别的）

4 상황에 맞게 대화를 완성하세요.

1) A ______________________?

B 一瓶可乐三块五毛钱。

2) A 您买什么?

B ______________________。

A 您要多少?

B ______________________。一斤橘子多少钱?

A ______________________。还要别的吗?

B ______________________。

5 듣고 따라 말해 보세요. 11-07

我要买汉语书，不知道去哪儿买。今天我问王兰，她说，新华书店有，那儿的汉语书很多。明天下午我去看看。

说 shuō 동 말하다 | 新华书店 Xīnhuá Shūdiàn 고유 신화서점

6 발음을 연습하세요.

1) 성조 연습 : 제2성+제3성 11-08

píjiǔ	(啤酒)	píngguǒ	(苹果)
yóulǎn	(游览)	shíjiǔ	(十九)
méiyǒu	(没有)	jiéguǒ	(结果)
máobǐ	(毛笔)	tíngzhǐ	(停止)
cídiǎn	(词典)	shípǐn	(食品)

2) 자주 쓰이는 발음 11-09

you	yóuyǒng	(游泳)	zhi	zhīshi	(知识)
	yǒuhǎo	(友好)		yìzhí	(一直)
	zuǒyòu	(左右)		xìnzhǐ	(信纸)
	péngyou	(朋友)		zhèngzhì	(政治)

즐거운 문화이야기

중국의 화폐

❶ **화폐 명칭**: 런민비(人民币)
❷ **발행**: 중국인민은행
❸ **단위**: 위안(元), 지아오(角) / 콰이(块), 마오(毛)
❹ **기호**: ¥

중국의 법정 화폐는 '런민비人民币'이다. 화폐 단위는 '위안元'이고, CNY(China Yuan)로 표기한다. 한어병음 첫 자음을 따서 RMB(rénmínbi)로 표기하기도 한다.

지폐는 100위안, 50위안, 20위안, 10위안, 5위안, 1위안 단위로 발행되고 있고, 동전은 1위안, 5지아오角, 1지아오가 있다. 지폐 6종류의 앞면에는 모두 마오쩌둥毛泽东의 초상화가, 뒷면에는 중국의 명소가 그려져 있다. 현재 사용하고 있는 화폐는 '제5판'으로, 중국 건국 50주년인 1999년에 처음 발행되었다.

이 화폐가 발행되기 전에 화폐에 넣을 인물로 여러 역사 인물이 거론되었으나 '사람들에게 잘 알려진 인물일수록 화폐 위조가 어렵다' '국가의 구심점을 되찾는다' 등의 이유로 최종적으로 마오쩌둥의 초상화만을 사용하기로 했다고 한다. 과거 제4판의 100위안 지폐에는 마오쩌둥, 저우언라이周恩来, 류사오치刘少奇, 주더朱德 등 '중국 건국의 아버지'라 불리는 4명의 초상이 나란히 있다.

제5판과 제4판 100위안 앞면

12 我想买毛衣

나는 스웨터를 사고 싶습니다

12-01

069 天冷了。 날씨가 추워졌습니다.
Tiān lěng le.

070 我想买件毛衣。 나는 스웨터 한 벌을 사고 싶습니다.
Wǒ xiǎng mǎi jiàn máoyī.

071 星期天去，怎么样？ 일요일에 가는 게 어떨습니까?
Xīngqītiān qù, zěnmeyàng?

072 星期天人太多。 일요일에는 사람이 너무 많습니다.
Xīngqītiān rén tài duō.

073 我看看那件毛衣。 저 스웨터 좀 볼게요.
Wǒ kànkan nà jiàn máoyī.

074 这件毛衣我可以试试吗？ 이 스웨터를 입어 봐도 될까요?
Zhè jiàn máoyī wǒ kěyǐ shìshi ma?

075 这件毛衣不大也不小。 이 스웨터는 크지도 않고 작지도 않습니다.
Zhè jiàn máoyī bú dà yě bù xiǎo.

076 好极了！ 매우 좋습니다!
Hǎo jí le!

단어 익히기

12-02

| 본문 단어 |

天 tiān 명 날씨, 하늘

冷 lěng 형 춥다

想 xiǎng 동 조동 생각하다, ~하고 싶다

件 jiàn 양 벌, 개 [옷·일·물건을 세는 양사]

毛衣 máoyī 명 스웨터

怎么样 zěnmeyàng 대 어떻다, 어떠하다

可以 kěyǐ 조동 ~할 수 있다, ~해도 좋다

试 shì 동 시험 삼아 해 보다, 시험하다

大 dà 형 크다

小 xiǎo 형 작다

……极了 ……jí le 매우 [형용사 뒤에서 뜻을 강조함]

小姐 xiǎojiě 명 아가씨

短 duǎn 형 짧다

再 zài 부 다시

| 표현 확장 단어 |

短信 duǎnxìn 명 문자 메시지

生词 shēngcí 명 새 단어

穿 chuān 동 입다

衣服 yīfu 동 옷, 의복

长 cháng 형 길다

少 shǎo 형 적다

| 읽고, 듣고, 쓰고, 반복해서 외우세요 |

1 스웨터를 사고 싶어요 12-03

大卫 Dàwèi
天冷了。我想买件毛衣。①
Tiān lěng le. Wǒ xiǎng mǎi jiàn máoyī.

玛丽 Mǎlì
我也要买东西。我们什么时候去?
Wǒ yě yào mǎi dōngxi. Wǒmen shénme shíhou qù?

大卫 Dàwèi
星期天去，怎么样?
Xīngqītiān qù, zěnmeyàng?

玛丽 Mǎlì
星期天人太多。
Xīngqītiān rén tài duō.

大卫 Dàwèi
那明天下午去吧。
Nà míngtiān xiàwǔ qù ba.

2 이 옷은 너무 짧아요 12-04

大卫 Dàwèi
小姐，我看看那件毛衣。
Xiǎojiě, wǒ kànkan nà jiàn máoyī.

售货员 Shòuhuòyuán
好。
Hǎo.

大卫 Dàwèi
我可以试试吗?
Wǒ kěyǐ shìshi ma?

售货员 您试一下儿吧。
Shòuhuòyuán Nín shì yíxiàr ba.

玛丽 这件太短了。②
Mǎlì Zhè jiàn tài duǎn le.

售货员 您试试那件。
Shòuhuòyuán Nín shìshi nà jiàn.

大卫 好，我再试一下儿。
Dàwèi Hǎo, wǒ zài shì yíxiàr.

玛丽 这件不大也不小。
Mǎlì Zhè jiàn bú dà yě bù xiǎo.

大卫 好极了③，我就买这件。
Dàwèi Hǎo jí le, wǒ jiù mǎi zhè jiàn.

표현 따라잡기

① **我想买件毛衣。** 나는 스웨터 한 벌을 사고 싶어요.

양사 앞에 놓이는 수사 '一'는 문장의 맨 앞에 쓰이지 않았을 경우 생략할 수 있다. 따라서 '买一件毛衣'를 '买件毛衣'라고 말할 수 있다.

② **这件太短了。** 이건 너무 짧아요.

이 문장에는 중심어인 '毛衣'가 생략되어 있다. 앞뒤 문장을 통해 지시대상을 분명히 알 수 있는 경우에는 중심어를 생략할 수 있다.

③ **好极了！** 정말 좋네요!

'极了'는 형용사나 일부 상태동사 뒤에 쓰여 정도가 최고에 이르렀음을 나타낸다. 예를 들면 '累极了(너무 피곤하다)' '高兴极了(매우 기쁘다)' '喜欢极了(정말 좋아한다)' 등과 같다.

표현으로 확장하기

응용 표현 12-05

① 我想买毛衣。

学习汉语 xuéxí Hànyǔ 看电影 kàn diànyǐng
发短信 fā duǎnxìn 喝水 hē shuǐ

② 我看看那件毛衣。

写 xiě | 课 kè | 生词 shēngcí
穿 chuān | 件 jiàn | 衣服 yīfu
尝 cháng | 种 zhǒng | 橘子 júzi

③ 这件毛衣不大也不小。

件 jiàn | 衣服 yīfu | 长 cháng | 短 duǎn
课 kè | 生词 shēngcí | 多 duō | 少 shǎo

확장 회화 12-06

① 今天的工作很多，我累极了。
Jīntiān de gōngzuò hěn duō, wǒ lèi jí le.

② 那个电影不太好，我不想看。
Nàge diànyǐng bú tài hǎo, wǒ bù xiǎng kàn.

③ 请你介绍介绍北京吧。
Qǐng nǐ jièshào jièshào Běijīng ba.

어법으로 내공쌓기

주술술어문

술어가 주술구(주어+술어)로 이루어진 문장을 주술술어문이라고 한다. 주술구의 주어가 가리키는 사람이나 사물은 늘 전체 문장의 주어와 관계가 있다.

他身体很好。 그는 몸이 건강하다.
Tā shēntǐ hěn hǎo.

我工作很忙。 나는 일이 매우 바쁘다.
Wǒ gōngzuò hěn máng.

星期天人很多。 일요일에는 사람이 많다.
Xīngqītiān rén hěn duō.

조동사

1) 조동사 '想 xiǎng' '要 yào' '可以 kěyǐ' '会 huì' 등은 항상 동사의 앞에 놓여 기대, 능력 혹은 가능성을 나타낸다. 부정형은 조동사 앞에 '不 bù'를 붙이면 된다.

他要买书。 그는 책을 사려고 한다.
Tā yào mǎi shū.

我想回家。 나는 집에 가고 싶다.
Wǒ xiǎng huí jiā.

可以去那儿。 그곳에 가도 된다.
Kěyǐ qù nàr.

我不想买东西。 나는 물건을 사고 싶지 않다.
Wǒ bù xiǎng mǎi dōngxi.

2) 조동사 '要 yào'의 부정형으로는 '不想 bù xiǎng'을 쓴다.

A 你要喝水吗? 물을 마시겠습니까?
Nǐ yào hē shuǐ ma?

B 我现在不想喝。 지금은 마시고 싶지 않습니다.
Wǒ xiànzài bù xiǎng hē.

3) 조동사의 긍정형과 부정형을 함께 나열하여 정반의문문을 만들 수 있다.

你想不想去长城? 당신은 만리장성에 가고 싶습니까?
Nǐ xiǎng bu xiǎng qù Chángchéng?

你会不会说汉语? 당신은 중국어를 할 줄 압니까?
Nǐ huì bu huì shuō Hànyǔ?

문제로 실력다지기

1 알맞은 양사를 넣어 문장을 완성한 후, ‘几’나 ‘多少’를 사용해 질문해 보세요.

| 보기 | 我要三________橘子。 → 我要三斤橘子。你要几斤橘子?

1) 我想买一________可乐。 → ____________________
2) 我要买两________衣服。 → ____________________
3) 我家有五________人。 → ____________________
4) 两个苹果要五________六________。 → ____________________
5) 这是六________苹果。 → ____________________
6) 那个银行有二十五________职员。 → ____________________
7) 这课有十七________生词。 → ____________________

2 알맞은 어휘를 골라 문장을 완성하세요.

不……也不……　　太……了　　……极了　　可以　　想

1) 这种____________________，那种便宜，我买那种。
2) 我很忙，今天____________________，想休息休息。
3) 这件衣服____________________，你穿____________________。
4) 今天不上课，我们____________________。
5) 明天星期天，我____________________。

3 틀린 문장을 찾아 맞게 고쳐 보세요.

1) A 你要吃苹果吗?
   B 我要不吃苹果。

2) A 星期日你想去不去玩儿?
   B 我想去。你想不想去?

3) A 请问，这儿能上不上网？
B 不能，这儿没有网。

4) A 商店里人多吗？
B 商店里很多人。

4 당신이 구입한 물건에 대해 이야기해 보세요.

| 화제 | 얼마인가? 비싼가? 살 때 몇 종류가 있었는가? 그 물건들은 어땠는가?
(多少钱？贵不贵？买的时候有几种？那几种怎么样？)

5 듣고 따라 말해 보세요. 12-07

A 这是张丽英买的毛衣。她穿太小，我穿太大，你试试怎么样？
B 不长也不短，好极了。多少钱？
A 不知道。不太贵。
B 我们去问问丽英。
A 现在她不在，下午再去问吧。

6 발음을 연습하세요.

1) 성조 연습 : 제2성+제4성 12-08

yóupiào	(邮票)	yúkuài	(愉快)
tóngzhì	(同志)	xuéyuàn	(学院)
shí yuè	(十月)	qúnzhòng	(群众)
chéngdù	(程度)	guójì	(国际)
wénhuà	(文化)	dédào	(得到)

2) 자주 쓰이는 발음 12-09

ji	shōuyīnjī	(收音机)	yong	yōngjǐ	(拥挤)
	zháojí	(着急)		yǒnggǎn	(勇敢)
	jǐ ge	(几个)		yóuyǒng	(游泳)
	jì xìn	(寄信)		bú yòng	(不用)

13 要换车

차를 갈아타야 합니다

13-01

077 这路车到天安门吗? 이 버스는 톈안먼에 갑니까?
Zhè lù chē dào Tiān'ānmén ma?

078 我买两张票。 표 두 장 살게요.
Wǒ mǎi liǎng zhāng piào.

079 给你五块钱。 5위안 드릴게요.
Gěi nǐ wǔ kuài qián.

080 到天安门还有几站? 톈안먼까지 몇 정거장 남았습니까?
Dào Tiān'ānmén hái yǒu jǐ zhàn?

081 我会说一点儿汉语。 나는 중국어를 조금 할 줄 압니다.
Wǒ huì shuō yìdiǎnr Hànyǔ.

082 天安门到了。 톈안먼에 도착했습니다.
Tiān'ānmén dào le.

083 去语言大学要换车吗? 어언대학에 가려면 차를 갈아타야 합니까?
Qù Yǔyán Dàxué yào huàn chē ma?

084 换几路车? 몇 번 버스로 갈아타야 합니까?
Huàn jǐ lù chē?

단어 익히기

13-02

| 본문 단어 |

路 lù 명 길, 도로

到 dào 동 도착하다, (~에) 이르다

张 zhāng 양 장 [종이, 책상, 침대 등을 세는 양사]

票 piào 명 표, 티켓

给 gěi 동 개 주다, ~에게

站 zhàn 명 정류장, 역

会 huì 조동 동 ~을 할 수 있다, ~을 잘하다

说 shuō 동 말하다

一点儿 yìdiǎnr 수량 조금, 약간

换 huàn 동 바꾸다

售票员 shòupiàoyuán 명 매표원

上(车) shàng (chē) 동 (차에) 타다

找 zhǎo 동 찾다, 거슬러 주다

懂 dǒng 동 알다, 이해하다

哪 nǎ 대 어느

国 guó 명 나라

下(车) xià (chē) 동 (차에서) 내리다

| 표현 확장 단어 |

杯 bēi 명 컵, 잔

地图 dìtú 명 지도

本 běn 양 권 [책을 세는 양사]

本子 běnzi 명 공책, 노트

| 고유명사 |

法国 Fǎguó 프랑스

北京师范大学 Běijīng Shīfàn Dàxué 베이징사범대학

中国 Zhōngguó 중국

韩国 Hánguó 한국

英国 Yīngguó 영국

日本 Rìběn 일본

印度尼西亚 Yìndùníxīyà 인도네시아

회화로 배우기

1 이 버스는 톈안먼에 가나요? 13-03

玛丽 请问，这路车到天安门吗？
Mǎlì Qǐngwèn, zhè lù chē dào Tiān'ānmén ma?

售票员 到。上车吧。
Shòupiàoyuán Dào. Shàng chē ba.

大卫 买两张票。多少钱一张？
Dàwèi Mǎi liǎng zhāng piào. Duōshao qián yì zhāng?

售票员 两块。
Shòupiàoyuán Liǎng kuài.

大卫 给你五块钱。
Dàwèi Gěi nǐ wǔ kuài qián.

售票员 找你一块。
Shòupiàoyuán Zhǎo nǐ yí kuài.

玛丽 请问，到天安门还有几站？
Mǎlì Qǐngwèn, dào Tiān'ānmén hái yǒu jǐ zhàn?

A 三站。你们会说汉语？①
Sān zhàn. Nǐmen huì shuō Hànyǔ?

大卫 会说一点儿。
Dàwèi Huì shuō yìdiǎnr.

玛丽 我说汉语，你懂吗？
Mǎlì Wǒ shuō Hànyǔ, nǐ dǒng ma?

A 懂。你们是哪国人？
Dǒng. Nǐmen shì nǎ guó rén?

大卫 Dàwèi 我是法国人。
Wǒ shì Fǎguórén.

玛丽 Mǎlì 我是美国人。
Wǒ shì Měiguórén.

售票员 Shòupiàoyuán 天安门到了。请下车。
Tiān'ānmén dào le. Qǐng xià chē.

2 331번 버스로 갈아타세요 13-04

大卫 Dàwèi 我买一张票。
Wǒ mǎi yì zhāng piào.

售票员 Shòupiàoyuán 去哪儿？
Qù nǎr?

大卫 Dàwèi 去语言大学。要换车吗？
Qù Yǔyán Dàxué. Yào huàn chē ma?

售票员 Shòupiàoyuán 要换车。②
Yào huàn chē.

大卫 Dàwèi 在哪儿换车？
Zài nǎr huàn chē?

售票员 Shòupiàoyuán 北京师范大学。
Běijīng Shīfàn Dàxué.

大卫 Dàwèi 换几路车？
Huàn jǐ lù chē?

售票员 换331路。
Shòupiàoyuán Huàn sān sān yāo lù.

大卫 一张票多少钱?
Dàwèi Yì zhāng piào duōshao qián?

售票员 两块。
Shòupiàoyuán Liǎng kuài.

大卫 谢谢!
Dàwèi Xièxie!

售票员 不谢。
Shòupiàoyuán Bú xiè.

표현 따라잡기

① **你们会说汉语?** 당신들은 중국어를 할 줄 압니까?
의문사는 없지만 문미를 올려 읽어줌으로써 의문의 어기를 나타낸다.

② **要换车。** 차를 갈아타야 합니다.
여기에서 조동사 '要'는 실제적인 필요를 나타낸다.

표현으로 확장하기

응용 표현 13-05

① 买两张票。

杯 bēi | 可乐 kělè

张 zhāng | 地图 dìtú

斤 jīn | 橘子 júzi

个 ge | 苹果 píngguǒ

② 给你五块钱。

他 tā | 本 běn | 书 shū

我 wǒ | 个 ge | 本子 běnzi

你 nǐ | 杯 bēi | 饮料 yǐnliào

你 nǐ | 个 ge | 橘子 júzi

③ A 你是哪国人?

B 我是法国人。

中国 Zhōngguó

韩国 Hánguó

日本 Rìběn

美国 Měiguó

英国 Yīngguó

印度尼西亚 Yìndùníxīyà

확장 회화 13-06

A 你们会说英语吗?

Nǐmen huì shuō Yīngyǔ ma?

B 他会说一点儿，我不会。

Tā huì shuō yìdiǎnr, wǒ bú huì.

어법으로 내공쌓기

이중목적어 동사술어문

중국어의 일부 동사는 두 개의 목적어를 가질 수 있다. 이 동사들은 '주어+동사+간접목적어+직접목적어'의 형태로 쓰이는데, 일반적으로 간접목적어는 사람이 오며, 직접목적어는 사물이 온다. 이런 문장을 이중목적어 동사술어문이라고 한다. 많이 쓰이는 이중목적어 동사는 '给 gěi' '找 zhǎo' '告诉 gàosu' '还 huán' '借 jiè' '问 wèn' 등이 있다.

我给你一本书。 내가 당신에게 책 한 권 줄게요.
Wǒ gěi nǐ yì běn shū.

他找我八毛钱。 그는 나에게 8마오를 거슬러 주었다.
Tā zhǎo wǒ bā máo qián.

他问了我时间。 그녀는 나에게 시간을 물었다.
Tā wèn le wǒ shíjiān.

조동사 '会'

조동사 '会 huì'는 여러 가지 의미를 나타낼 수 있다. 자주 쓰이는 용법으로는 다음 두 가지가 있다.

1) 학습을 통해 어떤 기교에 정통함을 나타낸다.

他会说汉语。 그는 중국어를 할 줄 안다.
Tā huì shuō Hànyǔ.

我不会做中国菜。 나는 중국요리를 할 줄 모른다.
Wǒ bú huì zuò Zhōngguó cài.

2) 가능성을 나타낸다.

A 他会来吗? 그가 올 수 있을까?
Tā huì lái ma?

B 现在九点半了，他不会来了。 지금 9시 반이야, 그는 올 수 없을 거야.
Xiànzài jiǔ diǎn bàn le, tā bú huì lái le.

수량사가 관형어로 쓰일 경우

현대중국어에서 수사는 일반적으로 명사를 직접 수식할 수 없으며, 사이에 반드시 특정한 양사가 와야 한다.

两张票 liǎng zhāng piào 표 두 장	三个本子 sān ge běnzi 노트 세 권	五个学生 wǔ ge xuésheng 학생 다섯 명

문제로 실력다지기

1 다음 제시된 어구를 읽고 5개를 골라 문장을 만들어 보세요. 13-07

给你	找钱	吃(一)点儿	说英语
发短信	穿衣服	坐车	去商店

2 '在' '往' '去'를 사용해 문장을 완성하세요.

1) 大卫__________________学习汉语。

2) 我去王府井，不知道__________________坐车。

3) __________________走，就是331路车站。

4) 请问，__________________怎么走？

5) 我__________________，欢迎你来玩儿。

3 괄호 안에 주어진 단어를 사용해 대화를 완성하세요.

1) A 你会说汉语吗？

B __________________。（一点儿）

2) A ______________________________? （多少）

B 一张票四块钱。

A 给你十块。

B ______________________________。（找）

3) A 现在晚上九点半了，他会来吗？

B ______________________________。（不）

4 밑줄 친 부분을 의문대명사로 고쳐 의문문으로 만들어 보세요.

1) 山下和子是日本留学生。 → ______________________________

2) 我有三个本子、两本书。 → ______________________________

3) 我认识大卫的妹妹。 → ______________________________

4) 今天晚上我去看电影。 → ______________________________

5) 我在天安门坐汽车。 → ______________________________

6) 他爸爸的身体好极了。 → ______________________________

5 듣고 따라 말해 보세요. 13-08

我认识一个中国朋友，他在北京大学学习。昨天我想去看他。我问刘京去北京大学怎么走。刘京说，北京大学离这儿很近，坐375路公共汽车可以到，我就去坐375路公共汽车。

375路车站就在前边。车来了，我问售票员，去不去北京大学。售票员说去，我很高兴，就上车了。

6 발음을 연습하세요.

1) 성조 연습 : 제2성+경성 13-09

biéde	(别的)	pútao	(葡萄)
nánde	(男的)	lái le	(来了)
chuán shang	(船上)	júzi	(橘子)
máfan	(麻烦)	shénme	(什么)
tóufa	(头发)	liángkuai	(凉快)

2) 자주 쓰이는 발음 13-10

liang	liángkuai	(凉快)	lao	dǎlāo	(打捞)
	liǎng ge	(两个)		láodòng	(劳动)
	yuèliang	(月亮)		lǎoshī	(老师)

14 我要去换钱

나는 환전하러 가려고 합니다

14-01

085 钱都花了。 돈을 다 썼습니다.
Qián dōu huā le.

086 听说饭店里可以换钱。 듣자 하니 호텔에서 환전할 수 있다고 합니다.
Tīngshuō fàndiàn li kěyǐ huànqián.

087 这儿能不能换钱？ 여기에서 환전할 수 있습니까?
Zhèr néng bu néng huànqián?

088 您带的什么钱？ 어떤 돈을 가지고 있습니까?
Nín dài de shénme qián?

089 请您在这儿写一下儿钱数。 여기에 금액을 써 주십시오.
Qǐng nín zài zhèr xiě yíxiàr qián shù.

090 请数一数。 한번 세어 보세요.
Qǐng shǔ yi shǔ.

091 时间不早了。 시간이 늦었습니다.
Shíjiān bù zǎo le.

092 我们快走吧！ 우리 빨리 갑시다!
Wǒmen kuài zǒu ba!

단어 익히기

14-02

| 본문 단어 |

花 huā 동 쓰다, 소비하다

听说 tīngshuō 동 듣자 하니, 들은 바로는 ~라고 한다

饭店 fàndiàn 명 호텔

里 li 명 안

能 néng 조동 ~할 수 있다

带 dài 동 지니다, 가지다

数 shù 명 수

数 shǔ 동 세다

时间 shíjiān 명 시간

快 kuài 형 빠르다

营业员 yíngyèyuán 명 점원, 판매원

美元 měiyuán 명 미국 달러(dollar)

百 bǎi 수 백, 100

人民币 rénmínbì 명 런민비 [중국 화폐]

这样 zhèyàng 대 이렇게

| 표현 확장 단어 |

电话 diànhuà 명 전화

号码 hàomǎ 명 번호

念 niàn 동 읽다

汉字 Hànzì 명 한자

等 děng 동 기다리다

| 읽고, 듣고, 쓰고, 반복해서 외우세요 |

회화로 배우기

1 돈을 다 썼어요 14-03

玛丽 Mǎlì
钱都花了，我没钱了。
Qián dōu huā le, wǒ méi qián le.
我要去换钱。
Wǒ yào qù huànqián.

大卫 Dàwèi
听说饭店里可以换钱。
Tīngshuō fàndiàn li kěyǐ huànqián.

玛丽 Mǎlì
我们去问问吧。
Wǒmen qù wènwen ba.

2 한번 세어 보세요 14-04

玛丽 Mǎlì
请问，这儿能不能换钱？
Qǐngwèn, zhèr néng bu néng huànqián?

营业员 Yíngyèyuán
能。您带的什么钱？
Néng. Nín dài de shénme qián?

玛丽 Mǎlì
美元。
Měiyuán.

营业员 Yíngyèyuán
换多少？
Huàn duōshao?

玛丽 Mǎlì
五百美元。一美元换多少人民币?
Wǔbǎi měiyuán. Yì měiyuán huàn duōshao rénmínbì?

营业员 Yíngyèyuán
六块一毛九。请您在这儿写一下儿钱数,
Liù kuài yì máo jiǔ. Qǐng nín zài zhèr xiě yíxiàr qián shù,
在这儿写一下儿名字。
zài zhèr xiě yíxiàr míngzi.

玛丽 Mǎlì
这样写,对不对?
Zhèyàng xiě, duì bu duì?

营业员 Yíngyèyuán
对。给您钱,请数一数。①
Duì. Gěi nín qián, qǐng shǔ yi shǔ.

玛丽 Mǎlì
谢谢!
Xièxie!

大卫 Dàwèi
时间不早了,我们快走吧!
Shíjiān bù zǎo le, wǒmen kuài zǒu ba!

표현 따라잡기

① **请数一数。** 한번 세어 보세요.

'数一数'와 '数数'는 같은 의미이다. 단음절 동사를 중첩할 때 동사 사이에 '一'를 첨가할 수 있다. 예를 들면 '听一听' '问一问' 등과 같다. 동사가 나타내는 동작이 '짧은 시간'이거나 동작이 '1회만 행해짐'을 강조한다.

표현으로 확장하기

응용 표현 14-05

① 听说饭店里可以换钱。

他回国了 tā huí guó le

大卫会说汉语 Dàwèi huì shuō Hànyǔ

小王会一点儿英语 Xiǎo Wáng huì yìdiǎnr Yīngyǔ

② 请您写一下儿钱数。

问 wèn | 电话号码 diànhuà hàomǎ

念 niàn | 生词 shēngcí

写 xiě | 这个汉字 zhège Hànzì

等 děng | 玛丽 Mǎlì

③ 我们快走吧！

你 nǐ | 来 lái

你们 nǐmen | 去 qù

我们 wǒmen | 吃 chī

玛丽 Mǎlì | 写 xiě

확장 회화 14-06

① 没有时间了，不等他了。
Méiyǒu shíjiān le, bù děng tā le.

② 这是他的信。请你给他。
Zhè shì tā de xìn. Qǐng nǐ gěi tā.

어법으로 내공쌓기

겹어문

한 문장에 두 개 이상의 술어가 나오고, 첫 번째 술어의 목적어가 두 번째 술어의 주어 역할을 겸하는 문장을 겹어문이라고 한다.

주어	+	술어1	+	술어1의 목적어 술어2의 주어 (겸어)	+	술어2

겹어문의 술어1에는 '请(qǐng, 청하다)' '让(ràng, ~하게 하다)' '叫(jiào, ~하게 하다)' '使(shǐ, ~하게 하다)'와 같이 부탁이나 명령의 의미를 가진 동사가 자주 쓰인다.

请您写一下儿名字。 이름을 적어 주세요. [您은 请의 목적어이자 写의 주어임]
Qǐng nín xiě yíxiàr míngzi.

请他吃饭。 그를 식사에 초대하다. [他는 请의 목적어이자 吃의 주어임]
Qǐng tā chī fàn.

妈妈让我看书。 엄마는 나에게 책을 보라고 하셨다. [我는 让의 목적어이자 看의 주어임]
Māma ràng wǒ kàn shū.

어기조사 '了'(2)

1) 어떤 일이나 상황이 이미 발생했음을 의미한다. 다음의 두 대화를 비교해보자.

| 대화 1 |

A 你去哪儿? 어디에 가세요?
Nǐ qù nǎr?

B 我去商店。 상점에 가요.
Wǒ qù shāngdiàn.

A 你买什么? 무엇을 살 거예요?
Nǐ mǎi shénme?

B 我买苹果。 사과를 살 거예요.
Wǒ mǎi píngguǒ.

| 대화 2 |

A 你去哪儿了？ 어디에 갔었어요?
Nǐ qù nǎr le?

B 我去商店了。 상점에 갔었어요.
Wǒ qù shāngdiàn le.

A 你买什么了？ 무엇을 샀어요?
Nǐ mǎi shénme le?

B 我买苹果了。 사과를 샀어요.
Wǒ mǎi píngguǒ le.

[대화 1]에서는 '了'를 사용하지 않았기 때문에, '去商店'과 '买苹果'의 두 행위가 아직 일어나지 않았음을 나타낸다.
[대화 2]에서는 '了'를 사용했기 때문에, 이 두 행위가 이미 발생했음을 알 수 있다.

2) 어기조사 '了 le'가 쓰인 문장의 부정형은 동사 앞에 부사 '没(有) méi(yǒu)'를 넣고 문장 끝의 '了'를 삭제한다. 의문문은 문장 끝에 '……了没有 le méiyǒu'를 붙이거나, 혹은 동사의 긍정형과 부정형을 함께 나열하는 '……没 méi……' 형식으로 표현한다.

他没去商店。 그는 상점에 가지 않았다.
Tā méi qù shāngdiàn.

我没买苹果。 나는 사과를 사지 않았다.
Wǒ méi mǎi píngguǒ.

你吃饭了没有？ 밥 먹었어요?
Nǐ chī fàn le méiyǒu?

你吃没吃饭？ 밥 먹었어요?
Nǐ chī méi chī fàn?

문제로 실력다지기

1 '要' '想' '能' '会' '可以'와 괄호 안에 주어진 단어를 사용해 문장을 완성하세요.

1) 明天我有课，______________________。（玩儿）

2) 听说那个电影很好，______________________。（看）

3) 你______________________吗？（说）

4) 这个本子不太好，______________________？（换）

5) 现在我______________________，请你明天再来吧。（上课）

2 '再' '可以' '会' '想'을 사용해 빈칸을 채우세요.

这个汉字我不________写，张老师说，我________去问他。我________明天去。大卫说，张老师很忙，明天不要去，星期天________去吧。

3 다음 문장에서 틀린 부분을 찾아 맞게 고쳐 보세요.

1) 昨天我没给你发短信了。 → ______________________

2) 他常常去食堂吃饭了。 → ______________________

3) 昨天的生词很多了。 → ______________________

4) 昨天我不去商店，明天我去商店了。→ ______________________

4 상황에 맞게 대화를 완성하세요.

1) A ______________________？

B 我去朋友家了。

A ______________________？

B 现在我回学校。

2) A ________________________________，好吗？

B 好。你等一下儿，我去换件衣服。

A ________________________________。

B 这件衣服________________________________？

A 很好，我们走吧。

5 듣고 따라 말해 보세요. 14-07

和子想换钱。她听说学校的银行能换，就去了。营业员问她带的什么钱，要换多少，还说要写一下儿钱数和名字，和子都写了。换钱的时候，和子对营业员说："对不起，我忘带钱了。"

忘 wàng 동 잊다

6 발음을 연습하세요.

1) 성조 연습 : 제3성+제1성 14-08

Běijīng	（北京）	shǒudū	（首都）
hǎochī	（好吃）	měi tiān	（每天）
lǎoshī	（老师）	kǎoyā	（烤鸭）
qǐfēi	（起飞）	jiǎndān	（简单）
hěn gāo	（很高）	huǒchē	（火车）

2) 자주 쓰이는 발음 14-09

li	líkāi	（离开）	dao	dāozi	（刀子）
	lǐbian	（里边）		shuāidǎo	（摔倒）
	lìshǐ	（历史）		zhīdào	（知道）
	dàolǐ	（道理）		dìdao	（地道）

즐거운 문화이야기

대표적인 전통 예술, 경극

❶ **영문명**: Peking Opera, Beijing Opera
❷ **연출 양식**: 노래, 대사, 연기, 무술
❸ **얼굴 분장**: 검보(脸谱)
❹ **가치**: 중국 인류비물질문화유산

'베이징 오페라'라는 이름으로 세계적으로 널리 알려진 경극京剧은 중국의 대표적인 전통 예술이다.

경극은 여러 지방극의 장점을 흡수하고 황실의 지원을 받으면서 대표적인 전통극으로 자리 잡게 되었는데, 경극이 사랑받을 수 있었던 큰 이유는 귀족적 취향에서 벗어나 평민들이 다가갈 수 있는 소박하고 역동적인 방식으로 변화했기 때문이다.

경극의 연출 양식은 노래(唱 chàng), 대사(念 niàn), 연기(做 zuò), 무술(打 dǎ)의 네 가지로 구성된다. 경극의 배역은 크게 남자 배역인 생(生 shēng), 여자 배역인 단(旦 dàn), 호걸 혹은 개성적인 배역의 정(净 jìng), 어릿광대 배역의 축(丑 chǒu), 단역인 말(末 mò)로 나뉜다.

경극의 얼굴 분장을 '검보(脸谱 liǎnpǔ)'라고 하는데, 경극의 가장 큰 특징으로 꼽을 수 있다. 얼굴 분장은 단순한 치장의 의미를 넘어 등장인물의 성격과 특징을 나타낸다. 붉은색 얼굴은 '관우关羽'와 같이 충성스럽고 용맹한 인물을 표현하고, 흰색 얼굴은 '조조曹操'처럼 교활하고 간사한 성격을 표현한다. 검은색 얼굴은 판관 '포청천包青天'처럼 강직하고 지혜로우며 충성스러운 성격을 나타내고, 파란색 얼굴은 오만하고 용맹한 성격을, 노란색 얼굴은 흉악하고 잔인한 성격을 나타낸다.

| 경극의 얼굴 분장 |

15 我要照张相

나는 사진을 찍으려고 합니다

15-01

093 这是新出的明信片。 이것은 새로 나온 엽서입니다.
Zhè shì xīn chū de míngxìnpiàn.

094 还有好看的吗? 예쁜 것이 더 있습니까?
Hái yǒu hǎokàn de ma?

095 这几种怎么样? 이런 종류는 어떻습니까?
Zhè jǐ zhǒng zěnmeyàng?

096 请你帮我挑几种。 저를 도와 몇 가지 골라 주세요.
Qǐng nǐ bāng wǒ tiāo jǐ zhǒng.

097 一种买一套吧。 종류별로 한 세트씩 사겠습니다.
Yì zhǒng mǎi yí tào ba.

098 手机没电了。 휴대전화 배터리가 없습니다.
Shǒujī méi diàn le.

099 你打通电话了吗? 전화 통화를 했습니까?
Nǐ dǎtōng diànhuà le ma?

100 她关机了。 그녀의 휴대전화가 꺼져 있습니다.
Tā guānjī le.

단어 익히기

15-02

| 본문 단어 |

新 xīn 형 새롭다

出 chū 동 발행하다, 내다

明信片 míngxìnpiàn 명 (우편)엽서

好看 hǎokàn 형 보기 좋다, 예쁘다

帮 bāng 동 돕다

挑 tiāo 동 고르다

套 tào 양 세트, 벌, 조

电 diàn 명 전기, 배터리

打 dǎ 동 치다, 때리다, (전화를) 걸다

通 tōng 동 통하다

关机 guānjī 전원을 끄다, 휴대전화를 끄다

不错 búcuò 형 괜찮다, 좋다

真 zhēn 부 형 정말, 참으로, 진짜이다

照相 zhàoxiàng 사진을 찍다

照 zhào 동 (사진·영화를) 찍다

哎呀 āiyā 감 아이고, 와 [놀람, 아쉬움 등을 나타냄]

| 표현 확장 단어 |

照相机 zhàoxiàngjī 명 카메라

交 jiāo 동 내다, 건네다

费 fèi 명 동 비용, 요금, 쓰다

拿 ná 동 가지다

完 wán 동 끝나다, 끝마치다

找 zhǎo 동 찾다, 구하다

| 고유명사 |

东京 Dōngjīng 도쿄

| 읽고, 듣고, 쓰고, 반복해서 외우세요 |

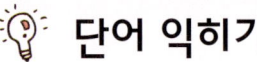

1 엽서 있어요? 15-03

(在邮局)

和子 Hézǐ
有明信片吗?
Yǒu míngxìnpiàn ma?

营业员 Yíngyèyuán
有，这是新出的。
Yǒu, zhè shì xīn chū de.

和子 Hézǐ
还有好看的吗?
Hái yǒu hǎokàn de ma?

营业员 Yíngyèyuán
你看看，这几种怎么样? ①
Nǐ kànkan, zhè jǐ zhǒng zěnmeyàng?

和子 Hézǐ
请你帮我挑几种。
Qǐng nǐ bāng wǒ tiāo jǐ zhǒng.

营业员 Yíngyèyuán
我看这四种都很好。
Wǒ kàn zhè sì zhǒng dōu hěn hǎo.

和子 Hézǐ
那一种买一套吧。
Nà yì zhǒng mǎi yí tào ba.

营业员 Yíngyèyuán
还买别的吗?
Hái mǎi biéde ma?

和子 Hézǐ
不买了。
Bù mǎi le.

2 내가 전화를 걸게요 15-04

和子 这个公园不错。
Hézǐ Zhège gōngyuán búcuò.

张丽英 那种花儿真好看，我要照张相。
Zhāng Lìyīng Nà zhǒng huār zhēn hǎokàn, wǒ yào zhào zhāng xiàng.

和子 给玛丽打个电话，叫她也来吧。
Hézǐ Gěi Mǎlì dǎ ge diànhuà, jiào tā yě lái ba.

张丽英 哎呀，我的手机没电了。
Zhāng Lìyīng Āiyā, wǒ de shǒujī méi diàn le.

和子 我打吧。
Hézǐ Wǒ dǎ ba.

张丽英 好。我去买点儿饮料。
Zhāng Lìyīng Hǎo. Wǒ qù mǎi diǎnr yǐnliào.

……

张丽英 你打通电话了吗?
Zhāng Lìyīng Nǐ dǎtōng diànhuà le ma?

和子 没打通，她关机了。
Hézǐ Méi dǎtōng, tā guānjī le.

표현 따라잡기

① 这几种怎么样? 이런 종류는 어떻습니까?

여기에서 '几'는 의문대명사가 아니라 대략적인 수, 10 이하의 불확실한 수를 나타낸다.

예 我有十几张明信片。나는 열 몇 장의 엽서를 가지고 있다.
教室里有几十个学生。교실에 몇십 명의 학생이 있다.

표현으로 확장하기

응용 표현 15-05

① 这是新出的明信片。

买 mǎi | 照相机 zhàoxiàngjī

买 mǎi | 电脑 diànnǎo

做 zuò | 衣服 yīfu

来 lái | 老师 lǎoshī

② 请你帮我挑几种明信片。

交 jiāo | 几元 jǐ yuán | 电话费 diànhuà fèi

找 zhǎo | 几本 jǐ běn | 书 shū

试 shì | 几件 jǐ jiàn | 毛衣 máoyī

拿 ná | 几个 jǐ ge | 东西 dōngxi

③ 你打通电话了吗?

吃 chī | 完 wán | 饭 fàn

看 kàn | 完 wán | 那本书 nà běn shū

找 zhǎo | 到 dào | 玛丽 Mǎlì

买 mǎi | 到 dào | 电脑 diànnǎo

확장 회화 15-06

① 我给他发电子邮件。
Wǒ gěi tā fā diànzǐ yóujiàn.

② 我给东京的朋友打电话。我说汉语，他不懂；说英语，他听懂了。
Wǒ gěi Dōngjīng de péngyou dǎ diànhuà. Wǒ shuō Hànyǔ, tā bù dǒng; shuō Yīngyǔ, tā tīngdǒng le.

어법으로 내공쌓기

'是'자문(2)

명사, 대명사, 형용사 등의 뒤에 조사 '的 de'를 붙여 '的'자구를 만들면 명사적 성질과 기능을 갖게 되어 독립적으로 사용할 수 있다. '是 shì'자문에서는 주어와 목적어가 길어지는 경우가 있는데, 이때 '的'자구가 자주 쓰인다.

这个本子是我的。 이 공책은 나의 것이다.
Zhège běnzi shì wǒ de.

那套邮票是新的。 저 우표 세트는 새것이다.
Nà tào yóupiào shì xīn de.

这件毛衣不是玛丽的。 이 스웨터는 메리의 것이 아니다.
Zhè jiàn máoyī bú shì Mǎlì de.

결과보어

1) 동작의 결과를 보충 설명하는 보어를 결과보어라고 한다. 주로 동사나 형용사가 동사 뒤에 쓰여 결과보어가 된다.

打通 (전화가) 연결되다
dǎtōng

写对 맞게 쓰다
xiěduì

2) 결과보어 '到'
동사 '到 dào'가 결과보어로 쓰이면, 사람이나 움직이는 기구가 동작을 통해 어떤 지점에 도달하거나 동작이 어떤 시점까지 지속됨을 나타낸다. 또한 동작이 어떤 정도까지 진행됨을 의미하기도 한다.

他回到北京了。 그는 베이징으로 돌아갔다.
Tā huídào Běijīng le.

我们学到第十五课了。 우리는 제15과까지 배웠다.
Wǒmen xuédào dì-shíwǔ kè le.

她昨天晚上工作到十点。 그녀는 어제저녁 10시까지 일했다.
Tā zuótiān wǎnshang gōngzuòdào shí diǎn.

3) 부정형은 동사 앞에 '没(有) méi(yǒu)'를 붙여 주면 된다.

我没买到那本书。 나는 그 책을 사지 못했다.
Wǒ méi mǎidào nà běn shū.

大卫没找到玛丽。 데이비드는 메리를 찾지 못했다.
Dàwèi méi zhǎodào Mǎlì.

개사 '给'

개사 '给 gěi'는 어떤 동작이나 행위의 대상을 이끌어 내는 데 쓰인다.

昨天我给你打电话了。 어제 나는 너에게 전화를 걸었다.
Zuótiān wǒ gěi nǐ dǎ diànhuà le.

他给我做衣服。 그는 나에게 옷을 만들어 준다.
Tā gěi wǒ zuò yīfu.

문제로 실력다지기

301 句로 끝내는 중국어회화

1 다음 제시된 어구를 읽고, 각 조에서 하나씩 골라 문장을 만들어 보세요. 15-07

新	书	帮	你找找	交	钱
	本子		他拿东西		电话费
	衣服		妈妈做饭		饭费

2 [보기]와 같이 알맞은 양사를 넣어 문장을 고쳐 보세요.

| 보기 | 这是一件新毛衣。 → 这件毛衣是新的。

1) 这是妹妹的电脑。 → ________________

2) 那是一本新书。 → ________________

3) 这是大卫的照相机。 → ________________

4) 这是一个美国电影。 → ________________

3 적절한 단어를 골라 문장을 완성하세요.

真	交	完	通

1) 我的钱________，我要去换钱。

2) 这个月的手机费你________吗？

3) 我给玛丽打电话，没________，明天再打。

4) 这种________，我也想买。

4 상황에 맞게 대화를 완성하세요.

1) A 你找什么？
B ________________。
A 你的书是新的吗？
B ________________。

2) A ________________？
B 我没有。你有明信片吗？
A 有。
B ________________？
A 对，是新出的。

3) A 这个照相机是谁的？
B ________________。
A ________________？
B 对。你看，很新。

5 듣고 따라 말해 보세요. 15-08

这个照相机是大卫新买的。昨天北京大学的两个中国学生来玩儿，我们一起照相了。北京大学的朋友说，星期天请我们去玩儿。他们在北大东门等我们。我们去的时候，先给他们打电话。

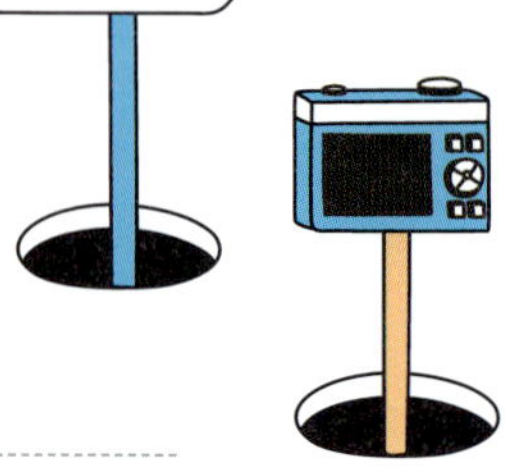

东门 dōngmén 명 동문, 동쪽 문 | 先 xiān 부 먼저

6 발음을 연습하세요.

1) 성조 연습 : 제3성+제2성 15-09

yǔyán	(语言)	yǐqián	(以前)
yǒumíng	(有名)	qǐchuáng	(起床)
lǚxíng	(旅行)	Měiguó	(美国)
hěn cháng	(很长)	jǔxíng	(举行)
jiǎnchá	(检查)	zǎochá	(早茶)

2) 자주 쓰이는 발음 15-10

zhong	fēnzhōng	(分钟)	zi	zǐxì	(仔细)
	yì zhǒng	(一种)		Hànzì	(汉字)
	zhòngyào	(重要)		zhuōzi	(桌子)

복습 3

11 · 12 · 13 · 14 · 15

상황회화

1 우리는 당신을 만나러 왔어요 fuxi 03-01

[샤오리는 누군가 노크하는 소리를 듣고 문을 연다.]

李 Lǐ 谁啊?
Shéi a?

王 Wáng 小李，你好!
Xiǎo Lǐ, nǐ hǎo!

卫 Wèi 我们来看你了。
Wǒmen lái kàn nǐ le.

李 Lǐ 是你们啊! 快请进! …… 请坐，请喝茶。
Shì nǐmen a! Kuài qǐng jìn! …… Qǐng zuò, qǐng hē chá.

王、卫 Wáng、Wèi 谢谢!
Xièxie!

李 Lǐ 你们怎么找到这儿的?
Nǐmen zěnme zhǎodào zhèr de?

王 Wáng 小马带我们来的。
Xiǎo Mǎ dài wǒmen lái de.

卫 Wèi 小马的奶奶家离这儿很近。
Xiǎo Mǎ de nǎinai jiā lí zhèr hěn jìn.

他去奶奶家，我们就和他一起来了。
Tā qù nǎinai jiā, wǒmen jiù hé tā yìqǐ lái le.

李 你们走累了吧？
Lǐ Nǐmen zǒulèi le ba?

王 不累。我们下车以后很快就找到了这个楼。
Wáng Bú lèi. Wǒmen xià chē yǐhòu hěn kuài jiù zhǎodào le zhège lóu.

卫 你家离你工作的地方很远吧？
Wèi Nǐ jiā lí nǐ gōngzuò de dìfang hěn yuǎn ba?

李 不远，坐18路车就可以到那儿。你们学习忙吧？
Lǐ Bù yuǎn, zuò shíbā lù chē jiù kěyǐ dào nàr. Nǐmen xuéxí máng ba?

王 很忙，每天都有课，作业也很多。
Wáng Hěn máng, měi tiān dōu yǒu kè, zuòyè yě hěn duō.

卫 今天怎么你一个人在家？你爸爸、妈妈呢？
Wèi Jīntiān zěnme nǐ yí ge rén zài jiā? Nǐ bàba、māma ne?

李 我爸爸、妈妈的一个朋友要去美国，今天他们去看那个
Lǐ Wǒ bàba、māma de yí ge péngyou yào qù Měiguó, jīntiān tāmen qù kàn nàge

朋友了。
péngyou le.

王 啊，十一点半了，我们去饭店吃饭吧。
Wáng À, shíyī diǎn bàn le, wǒmen qù fàndiàn chī fàn ba.

李 到饭店去吃饭要等很长时间，也很贵，就在我家吃吧。
Lǐ Dào fàndiàn qù chī fàn yào děng hěn cháng shíjiān, yě hěn guì, jiù zài wǒ jiā chī ba.

我还要请你们尝尝我的拿手菜呢！
Wǒ hái yào qǐng nǐmen chángchang wǒ de náshǒu cài ne!

王、卫 太麻烦你了！
Wáng、Wèi Tài máfan nǐ le!

啊 a 조 문장 끝에 쓰여 의문·감탄·강조를 나타냄
以后 yǐhòu 명 이후
作业 zuòyè 명 숙제
拿手 náshǒu 형 뛰어나다, 능하다
茶 chá 명 차
每天 měi tiān 명 매일
啊 à 감 오! 아하!
麻烦 máfan 동 번거롭게 하다

핵심어법

★ 조동사 정리

1 想

주관적인 바람을 나타내며 '打算(dǎsuàn, ~하려고 하다)' '希望(xīwàng, 희망하다)'의 의미가 강하다.

A 你想去商店吗? 너 상점에 갈래?
Nǐ xiǎng qù shāngdiàn ma?

B 我不想去商店，我想在家看电视。 상점에 가고 싶지 않아. 집에서 텔레비전을 보고 싶어.
Wǒ bù xiǎng qù shāngdiàn, wǒ xiǎng zài jiā kàn diànshì.

2 要

① 주관적인 의지의 요구를 나타낸다. 부정형은 '不想 bù xiǎng'을 쓴다.

我要买件毛衣。 나는 스웨터 한 벌을 사야겠다.
Wǒ yào mǎi jiàn máoyī.

A 你要看这本书吗? 너 이 책 볼래?
Nǐ yào kàn zhè běn shū ma?

B 我不想看，我要看那本杂志。 보고 싶지 않아. 나는 저 잡지를 볼 거야.
Wǒ bù xiǎng kàn, wǒ yào kàn nà běn zázhì.

② 객관적인 사실상의 필요를 나타낸다. 부정형은 항상 '不用 búyòng'을 쓴다.

A 要换车吗? 버스를 갈아타야 하나요?
Yào huàn chē ma?

B 要换车。 / 不用换车。 갈아타야 해요. / 갈아탈 필요 없어요.
Yào huàn chē. / Búyòng huàn chē.

3 会

① 학습을 통해 어떤 기교에 정통하게 되었음을 나타낸다.

他会说汉语。 그는 중국어를 할 줄 안다.
Tā huì shuō Hànyǔ.

我不会做菜。 나는 요리를 할 줄 모른다.
Wǒ bú huì zuò cài.

② 가능성을 나타낸다.

A 现在十点了，他不会来了吧？ 지금 열 시가 되었는데, 그는 올 수 없겠지?
Xiànzài shí diǎn le, tā bú huì lái le ba?

B 别着急(zháojí, 조급해하다)，他会来的。 조급해하지 마, 그는 올 거야.
Bié zháojí, tā huì lái de.

4 能

① 어떤 능력을 갖고 있음을 나타낸다.

大卫能用汉语谈话(tánhuà, 이야기하다)。 데이비드는 중국어로 이야기할 수 있다.
Dàwèi néng yòng Hànyǔ tánhuà.

② 객관적인 허가를 나타낼 수 있다.

A 你明天上午能来吗？ 너 내일 오전에 올 수 있니?
Nǐ míngtiān shàngwǔ néng lái ma?

B 不能来，明天我有事。 못 와, 내일 일이 있어.
Bù néng lái, míngtiān wǒ yǒu shì.

5 可以

객관적 혹은 이치상의 허가를 나타낸다.

A 我们可以走了吗？ 우리 가도 되나요?
Wǒmen kěyǐ zǒu le ma?

B 可以。 됩니다.
kěyǐ.

A 我们可以在这儿玩儿吗？ 우리가 여기서 놀아도 되나요?
Wǒmen kěyǐ zài zhèr wánr ma?

B 不行(xíng, ~해도 좋다)，这儿要上课。 안 돼요, 여기서 수업을 해야 해요.
Bùxíng, zhèr yào shàngkè.

실전연습

1 동사 '给'와 제시된 어휘를 사용해 이중목적어 구조의 문장을 만들어 보세요.

① 本子 → ______________________________

② 词典 → ______________________________

③ 钱 → ______________________________

④ 明信片 → ______________________________

⑤ 苹果 → ______________________________

2 질문에 대답해 보세요.

① 这本书生词多吗?

② 你的词典是新的吗? 那本书是谁的?

③ 你会说汉语吗? 你会不会写汉字?

3 제시된 문장으로 회화를 연습해 보세요.

① 물건 사기

你要买什么?	请问，有……吗?
要多少?	一斤多少钱?
还要别的吗?	多少钱一斤?
请先交钱。	在这儿交钱吗?
找你……钱。	在哪儿交钱?
请数一数。	给你钱。

② 차 타기

这路车到……吗?	我去……。
到……还有几站?	买……张票。
一张票多少钱?	在……上的。
在哪儿换车?	在……下车。
换几路车?	

③ 환전하기

这儿能换钱吗?	你带的什么钱?
……能换多少人民币?	换多少?
	请写一下儿钱数和名字。

4 발음을 연습하세요.

① 성조 연습 : 제4성+제3성 fuxi 03-03

Hànyǔ （汉语）
huì jiǎng Hànyǔ （会讲汉语）
Dàwèi huì jiǎng Hànyǔ （大卫会讲汉语）

② 큰 소리로 읽기 fuxi 03-04

A Nǐ lěng ma?
B Yǒudiǎnr lěng.

A Gěi nǐ zhè jiàn máoyī.
B Wǒ shìshi.

A Bú dà yě bù xiǎo.
B Shì a. Xièxie!

단문독해 fuxi 03-05

我跟大卫说好星期天一起去买衣服。
Wǒ gēn Dàwèi shuōhǎo xīngqītiān yìqǐ qù mǎi yīfu.

星期天，我很早就起床了。我家离商店不太远。九点半坐车去，十点就到了。买东西的人很多。我在商店前边等大卫。等到十点半，大卫还没有来，我就先进去了。
Xīngqītiān, wǒ hěn zǎo jiù qǐchuáng le. Wǒ jiā lí shāngdiàn bú tài yuǎn. Jiǔ diǎn bàn zuò chē qù, shí diǎn jiù dào le. Mǎi dōngxi de rén hěn duō. Wǒ zài shāngdiàn qiánbian děng Dàwèi. Děng dào shí diǎn bàn, Dàwèi hái méiyǒu lái, wǒ jiù xiān jìnqu le.

那个商店很大，东西也很多。我想买毛衣，售货员说在二层，我就上楼了。
Nàge shāngdiàn hěn dà, dōngxi yě hěn duō. Wǒ xiǎng mǎi máoyī, shòuhuòyuán shuō zài èr céng, wǒ jiù shàng lóu le.

这儿的毛衣很好看，也很贵。有一件毛衣我穿不长也不短。我去交钱的时候，大卫来了。他说：“坐车的人太多了，我来晚了，真对不起。”我说：“没什么。”我们就一起去看别的衣服了。
Zhèr de máoyī hěn hǎokàn, yě hěn guì. Yǒu yí jiàn máoyī wǒ chuān bù cháng yě bù duǎn. Wǒ qù jiāo qián de shíhou, Dàwèi lái le. Tā shuō: “Zuò chē de rén tài duō le, wǒ lái wǎn le, zhēn duìbuqǐ.” Wǒ shuō: “Méi shénme.” Wǒmen jiù yìqǐ qù kàn biéde yīfu le.

说好 shuōhǎo 정하다, 약속하다
先进去 xiān jìnqu 먼저 들어가다
对不起 duìbuqǐ 미안합니다

16 你看过京剧吗?

당신은 경극을 본 적이 있습니까?

16-01

101 **你看过京剧吗?** 당신은 경극을 본 적이 있습니까?
Nǐ kànguo jīngjù ma?

102 **我没看过京剧。** 나는 경극을 본 적이 없습니다.
Wǒ méi kànguo jīngjù.

103 **你知道哪儿演京剧吗?** 당신은 어디에서 경극을 공연하는지 알고 있습니까?
Nǐ zhīdào nǎr yǎn jīngjù ma?

104 **你买到票以后告诉我。** 표를 산 후에 나에게 알려 주세요.
Nǐ mǎidào piào yǐhòu gàosu wǒ.

105 **我还没吃过北京烤鸭呢!** 나는 아직 베이징 오리구이를 먹어 본 적이 없습니다!
Wǒ hái méi chīguo Běijīng kǎoyā ne!

106 **我们应该去尝一尝。** 우리 꼭 가서 먹어 봐야 합니다.
Wǒmen yīnggāi qù cháng yi cháng.

107 **不行。** 안 됩니다.
Bùxíng.

108 **有朋友来看我。** 한 친구가 나를 만나러 옵니다.
Yǒu péngyou lái kàn wǒ.

단어 익히기

16-02

| 본문 단어 |

过 guo 조 ~한 적이 있다

京剧 jīngjù 명 경극

演 yǎn 동 공연하다

以后 yǐhòu 명 이후

告诉 gàosu 동 말하다, 알리다

烤鸭 kǎoyā 명 오리구이

应该 yīnggāi 조동 ~해야 한다

行 xíng 동 형 ~해도 좋다, 대단하다

有意思 yǒu yìsi 재미있다

当然 dāngrán 부 물론, 당연히

名菜 míng cài 유명한 요리

事 shì 명 일

| 표현 확장 단어 |

酒 jiǔ 명 술

茶 chá 명 차

菜 cài 명 요리, 채소

价钱 jiàqián 명 가격

收 shōu 동 받다

词典 cídiǎn 명 사전

咖啡 kāfēi 명 커피

杂技 zájì 명 서커스

练习 liànxí 명 동 연습문제, 연습하다

| 고유명사 |

人民剧场 Rénmín Jùchǎng 런민극장

| 읽고, 듣고, 쓰고, 반복해서 외우세요 |

회화로 배우기

1 내일 표를 사러 갈게요 16-03

玛丽 Mǎlì
你看过京剧吗?
Nǐ kànguo jīngjù ma?

大卫 Dàwèi
没看过。
Méi kànguo.

玛丽 Mǎlì
听说很有意思。
Tīngshuō hěn yǒu yìsi.

大卫 Dàwèi
我很想看，你呢?
Wǒ hěn xiǎng kàn, nǐ ne?

玛丽 Mǎlì
我也很想看。你知道哪儿演吗?
Wǒ yě hěn xiǎng kàn. Nǐ zhīdào nǎr yǎn ma?

大卫 Dàwèi
人民剧场常演。
Rénmín Jùchǎng cháng yǎn.

玛丽 Mǎlì
那我们星期六去看，好不好?
Nà wǒmen xīngqīliù qù kàn, hǎo bu hǎo?

大卫 Dàwèi
当然好。明天我去买票。
Dāngrán hǎo. Míngtiān wǒ qù mǎi piào.

玛丽 Mǎlì
买到票以后告诉我。
Mǎidào piào yǐhòu gàosu wǒ.

大卫 Dàwèi
好。
Hǎo.

2 먹어 본 적 없어요 16-04

和子 Hézǐ 听说，烤鸭是北京的名菜。
Tīngshuō, kǎoyā shì Běijīng de míng cài.

玛丽 Mǎlì 我还没吃过呢！
Wǒ hái méi chīguo ne!

和子 Hézǐ 我们应该去尝一尝。
Wǒmen yīnggāi qù cháng yi cháng.

玛丽 Mǎlì 二十八号晚上我没事，你呢？
Èrshíbā hào wǎnshang wǒ méi shì, nǐ ne?

和子 Hézǐ 不行，有朋友来看我。
Bùxíng, yǒu péngyou lái kàn wǒ.

玛丽 Mǎlì 三十号晚上怎么样？
Sānshí hào wǎnshang zěnmeyàng?

和子 Hézǐ 可以。
Kěyǐ.

표현으로 확장하기

응용 표현 16-05

① 你看过京剧吗?

去 qù | 长城 Chángchéng
喝 hē | 那种茶 nà zhǒng chá
吃 chī | 那种菜 nà zhǒng cài
喝 hē | 这种酒 zhè zhǒng jiǔ
去 qù | 那个公园 nàge gōngyuán
问 wèn | 价钱 jiàqián

② 我们应该去尝一尝烤鸭。

看 kàn | 京剧 jīngjù
听 tīng | 音乐 yīnyuè
问 wèn | 老师 lǎoshī
找 zhǎo | 他们 tāmen

③ 买到票以后告诉我。

收 shōu | 信 xìn
见 jiàn | 玛丽 Mǎlì
买 mǎi | 词典 cídiǎn
买 mǎi | 咖啡 kāfēi

확장 회화 16-06

① 玛丽，快来，有人找你。
Mǎlì, kuài lái, yǒu rén zhǎo nǐ.

② A 你看杂技吗?
Nǐ kàn zájì ma?

B 不看。昨天的练习我还没做呢。
Bú kàn. Zuótiān de liànxí wǒ hái méi zuò ne.

어법으로 내공쌓기

동태조사 '过'

1) 동태조사 '过 guo'는 동사 뒤에 쓰여 어떤 동작이 과거에 이미 발생했었음을 나타낸다. 그 경험을 이미 해 보았다는 것을 강조하기 위해 쓴다. 부정형은 동사 앞에 '没(有) méi(yǒu)'를 붙여 표현한다.

我去过长城。 나는 만리장성에 가 본 적이 있다.
Wǒ qùguo Chángchéng.

我学过汉语。 나는 중국어를 배워 본 적이 있다.
Wǒ xuéguo Hànyǔ.

我没吃过烤鸭。 나는 오리구이를 먹어 본 적이 없다.
Wǒ méi chīguo kǎoyā.

2) 의문문은 문장 끝에 '吗 ma'를 쓰거나, '……过 guo ……没有 méiyǒu'를 써서 정반의문문 형식으로 만든다.

你去过美国吗? 당신은 미국에 가 본 적이 있습니까?
Nǐ qùguo Měiguó ma?

你去过美国没有? 당신은 미국에 가 본 적이 있습니까?
Nǐ qùguo Měiguó méiyǒu?

你看过那个电影没有? 당신은 그 영화를 본 적이 있습니까?
Nǐ kànguo nàge diànyǐng méiyǒu?

3) 연동문(9과)에서 과거의 경험을 나타내고자 할 때, '过 guo'는 일반적으로 두 번째 동사의 뒤에 놓인다.

我去那个饭店吃过饭。 나는 그 식당에 가서 밥을 먹어 본 적이 있다.
Wǒ qù nàge fàndiàn chīguo fàn.

무주어문

거의 모든 문장은 주어와 술어 두 부분으로 구성된다. 하지만 일부 문장은 주어가 없이 단지 술어로만 이루어지기도 하는데, 이런 문장을 무주어문이라고 한다.

有人找你。 누군가 당신을 찾아요.
Yǒu rén zhǎo nǐ.

有人请你看电影。 누군가 당신에게 영화를 보자고 청했어요.
Yǒu rén qǐng nǐ kàn diànyǐng.

'还没(有)……呢'

어떤 동작이 아직 발생하지 않았거나 완성되지 않았음을 나타낸다. '아직 ~하지 않았다'라는 의미이다.

他还没(有)来呢。 그는 아직 오지 않았다.
Tā hái méi(yǒu) lái ne.

这件事我还不知道呢。 이 일에 대해 나는 아직 모른다.
Zhè jiàn shì wǒ hái bù zhīdào ne.

我还没吃过烤鸭呢。 나는 아직 오리구이를 먹어 본 적이 없다.
Wǒ hái méi chīguo kǎoyā ne.

문제로 실력다지기

1 '了'나 '过'를 사용해 문장을 완성하세요.

1) 听说中国的杂技很有意思，我还____________________。

2) 昨天我____________________。这个电影很好。

3) 他不在，他去____________________。

4) 你看____________________吗？听说很好。

5) 你____________________？这种酒不太好喝。

2 '了'나 '过'를 사용해 질문에 대답해 보세요.

1) 你去过中国吗？在中国去过什么地方？

2) 在中国，你给家里打过电话吗？

3) 昨天晚上你做什么了？看电视了吗？

4) 你常听录音吗？昨天听录音了没有？

3 다음 문장이 맞으면 ✓, 틀리면 X를 표시하세요.

1) 我没找到那个本子。 (　　)
我没找到那个本子了。 (　　)

2) 你看过没有京剧？ (　　)
你看过京剧没有？ (　　)

3) 玛丽不去过那个书店。 (　　)
玛丽没去过那个书店。 (　　)

4) 我还没吃过午饭呢。 (　　)
我还没吃午饭呢。 (　　)

4 다음 문장을 부정문으로 고쳐 보세요.

1) 我找到那个本子了。 → ____________________

2) 我看过京剧。 → ____________________

3) 他学过这个汉字。 → ____________________

4) 我吃过这种菜。 → ____________________

5) 玛丽去过那个书店。 → ____________________

5 듣고 따라 말해 보세요. 16-07

以前我没看过中国的杂技，昨天晚上我看了。中国杂技很有意思，以后我还想看。

我也没吃过中国菜。小王说他会做中国菜，星期六请我吃。

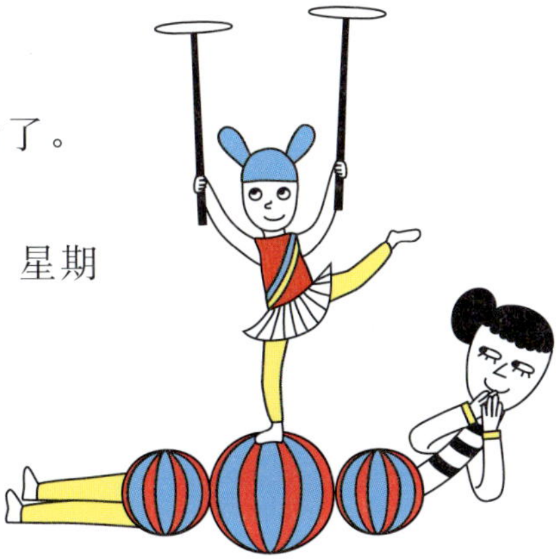

6 발음을 연습하세요.

1) 성조 연습 : 제3성+제3성 16-08

yǒuhǎo	（友好）	wǎndiǎn	（晚点）
yǔfǎ	（语法）	liǎojiě	（了解）
zhǎnlǎn	（展览）	hěn duǎn	（很短）
hǎishuǐ	（海水）	gǔdiǎn	（古典）
guǎngchǎng	（广场）	yǒngyuǎn	（永远）

2) 자주 쓰이는 발음 16-09

guo	guójì	（国际）
	shuǐguǒ	（水果）
	guòqù	（过去）
	chīguo	（吃过）

shang	shāngdiàn	（商店）
	xīnshǎng	（欣赏）
	Shànghǎi	（上海）
	chē shang	（车上）

17 去动物园

동물원에 갑니다

17-01

109 这两天天气很好。 요즘 날씨가 매우 좋습니다.
Zhè liǎng tiān tiānqì hěn hǎo.

110 我们出去玩儿玩儿吧。 우리 놀러 갑시다.
Wǒmen chūqu wánrwanr ba.

111 去哪儿玩儿好呢？ 어디로 놀러 가는 게 좋을까요?
Qù nǎr wánr hǎo ne?

112 去北海公园，看看花儿，划划船。
Qù Běihǎi Gōngyuán, kànkan huār, huáhua chuán.
베이하이 공원에 가서 꽃구경도 하고 뱃놀이도 합시다.

113 骑自行车去吧。 자전거를 타고 갑시다.
Qí zìxíngchē qù ba.

114 今天天气多好啊！ 오늘 날씨가 참 좋아요!
Jīntiān tiānqì duō hǎo a!

115 他上午到还是下午到？ 그는 오전에 도착합니까, 아니면 오후에 도착합니까?
Tā shàngwǔ dào háishi xiàwǔ dào?

116 我跟你一起去。 제가 당신과 함께 가겠습니다.
Wǒ gēn nǐ yìqǐ qù.

단어 익히기

17-02

| 본문 단어 |

天气 tiānqì 명 날씨

出 chū 동 나가다

划 huá 동 배를 젓다

船 chuán 명 배

骑 qí 동 타다

自行车 zìxíngchē 명 자전거

啊 a 조 감탄을 나타내는 어기조사

还是 háishi 접 또는, 아니면

跟 gēn 개 ~와/과

上 shàng 명 위, 지난번

动物园 dòngwùyuán 명 동물원

大熊猫 dàxióngmāo 명 판다

去年 qùnián 명 작년

学 xué 동 배우다

机场 jīchǎng 명 공항

接 jiē 동 맞이하다

| 표현 확장 단어 |

考试 kǎoshì 동 명 시험 보다, 시험

地铁 dìtiě 명 지하철

下 xià 명 아래, 다음

条 tiáo 양 줄기, 갈래, 조, 항 [길, 강, 항목 등을 세는 양사]

最 zuì 부 가장

| 고유명사 |

北海公园 Běihǎi Gōngyuán 베이하이 공원

| 읽고, 듣고, 쓰고, 반복해서 외우세요 |

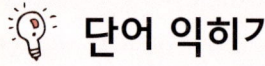

1 우리 놀러 가요 17-03

张丽英 这两天天气很好。① 我们出去玩儿玩儿吧。
Zhāng Lìyīng Zhè liǎng tiān tiānqì hěn hǎo. Wǒmen chūqu wánrwanr ba.

和子 去哪儿玩儿好呢?
Hézǐ Qù nǎr wánr hǎo ne?

张丽英 去北海公园,看看花儿,划划船,多好啊!
Zhāng Lìyīng Qù Běihǎi Gōngyuán, kànkan huār, huáhua chuán, duō hǎo a!

和子 上星期我去过了,去别的地方吧。
Hézǐ Shàngxīngqī wǒ qùguo le, qù biéde dìfang ba.

张丽英 去动物园怎么样?
Zhāng Lìyīng Qù dòngwùyuán zěnmeyàng?

和子 行,还可以看看大熊猫呢。
Hézǐ Xíng, hái kěyǐ kànkan dàxióngmāo ne.

张丽英 我们怎么去?
Zhāng Lìyīng Wǒmen zěnme qù?

和子 骑自行车去吧。
Hézǐ Qí zìxíngchē qù ba.

2 내가 당신과 함께 갈게요 17-04

和子 Hézǐ
你认识李成日吗?
Nǐ rènshi Lǐ Chéngrì ma?

刘京 Liú Jīng
当然认识。去年他在这儿学过汉语。
Dāngrán rènshi. Qùnián tā zài zhèr xuéguo Hànyǔ.

和子 Hézǐ
你知道吗? 明天他来北京。
Nǐ zhīdào ma? Míngtiān tā lái Běijīng.

刘京 Liú Jīng
不知道。他上午到还是下午到?
Bù zhīdào. Tā shàngwǔ dào háishi xiàwǔ dào?

和子 Hézǐ
下午两点，我去机场接他。
Xiàwǔ liǎng diǎn, wǒ qù jīchǎng jiē tā.

刘京 Liú Jīng
明天下午没有课，我跟你一起去。
Míngtiān xiàwǔ méiyǒu kè, wǒ gēn nǐ yìqǐ qù.

和子 Hézǐ
好的。
Hǎo de.

刘京 Liú Jīng
什么时候去?
Shénme shíhou qù?

和子 Hézǐ
一点吧。
Yī diǎn ba.

표현 따라잡기

① **这两天天气很好。** 요즘 날씨가 참 좋습니다.
'这两天'은 '요 며칠'을 의미한다. 이 문장에서 '两'은 대략적인 수를 나타낸다.

표현으로 확장하기

응용 표현 17-05

① 这两天天气很好。

我没事 wǒ méi shì

他很忙 tā hěn máng

小王身体不好 Xiǎo Wáng shēntǐ bù hǎo

他们有考试 tāmen yǒu kǎoshì

坐地铁的人很多 zuò dìtiě de rén hěn duō

② 看看花儿，划划船，多好啊！

有意思 yǒu yìsi　　高兴 gāoxìng

③ 他上午到还是下午到？

今天 jīntiān | 明天 míngtiān

下星期 xiàxīngqī | 这个星期 zhège xīngqī

早上八点 zǎoshang bā diǎn | 晚上八点 wǎnshang bā diǎn

확장 회화 17-06

① A 玛丽在哪儿？
Mǎlì zài nǎr?

B 在楼上，你上去找她吧。
Zài lóushàng, nǐ shàngqu zhǎo tā ba.

② A 去动物园哪条路近？
Qù dòngwùyuán nǎ tiáo lù jìn?

B 这条路最近。
Zhè tiáo lù zuì jìn.

어법으로 내공쌓기

선택의문문

접속사 '还是 háishi'를 이용하여 두 가지의 가능한 대답을 열거하고 대답하는 사람이 그 중 하나를 선택하도록 할 수 있는데, 이런 의문문을 선택의문문이라고 한다.

你上午去还是下午去? 당신은 오전에 갑니까, 오후에 갑니까?
Nǐ shàngwǔ qù háishi xiàwǔ qù?

你喝咖啡还是喝茶? 당신은 커피를 마시겠습니까, 차를 마시겠습니까?
Nǐ hē kāfēi háishi hē chá?

你一个人去还是跟朋友一起去? 당신 혼자 갑니까, 친구와 같이 갑니까?
Nǐ yí ge rén qù háishi gēn péngyou yìqǐ qù?

동작의 방식을 나타내는 연동문

하나의 주어에 대한 술어가 두 개의 동사(구)로 이루어진 문장을 연동문이라고 한다. 연동문에서 앞의 동사(구)는 동작의 방식을 나타낸다.

用汉语介绍 중국어로 소개하다
yòng Hànyǔ jièshào

骑自行车去 자전거를 타고 가다
qí zìxíngchē qù

坐车去机场 차를 타고 공항에 가다
zuò chē qù jīchǎng

방향보어(1)

'来 lái'와 '去 qù'는 일부 동사의 뒤에서 보어로 쓰여 동작의 방향을 나타내는데, 이런 보어를 방향보어라고 한다. 동작이 말하는 사람을 향해 이루어지면 '来'를 쓰고, 반대 방향으로 이루어지면 '去'를 쓴다.

上课了，快进来吧。 수업 시작하니까 빨리 들어오세요. [화자가 안에 있음]
Shàngkè le, kuài jìnlai ba.

他不在家，出去了。 그는 집에 없어요. 외출했어요. [화자가 집 안에 있음]
Tā bú zài jiā, chūqu le.

玛丽，快下来！ 메리야, 빨리 내려와! [화자는 아래층에 있고 메리는 위층에 있음]
Mǎlì, kuài xiàlai!

문제로 실력다지기

1 다음 동사와 어울리는 목적어를 넣어 문장을 만들어 보세요.

1) 坐 → ____________________

2) 划 → ____________________

3) 骑 → ____________________

4) 演 → ____________________

5) 拿 → ____________________

6) 换 → ____________________

7) 穿 → ____________________

8) 打 → ____________________

2 그림을 보고 방향보어 '来'와 '去'를 사용해 문장을 완성하세요.

1)

大卫说：“你____________________吧。”

玛丽说：“你____________________吧。”

2)

(X의 기준에서 A, B의 동작을 말해 보세요.)

A ____________________。

B ____________________。

3 [보기]와 같이 '还是'를 사용해 질문해 보세요.

| 보기 | 六点半起床　七点起床 → 你六点半起床还是七点起床?

1) 去北海公园　去动物园 → ____________________

2) 看电影　看杂技 → ____________________

3) 坐车去　骑自行车去 → ____________________

4) 你去机场　他去机场 → ____________________

5) 今年回国　明年回国 → ____________________

4 듣고 따라 말해 보세요. 17-07

王兰告诉我，离我们学校不远有一个果园。那个果园有很多水果，可以看，可以吃，也可以买。我们应该去看看。我们想星期天去。我们骑自行车去。

果园 guǒyuán 명 과수원 | 水果 shuǐguǒ 명 과일

5 발음을 연습하세요.

1) 성조 연습 : 제3성+제4성 17-08

gǎnxiè	（感谢）	kǎoshì	（考试）
yǒuyì	（友谊）	wǎnfàn	（晚饭）
qǐng zuò	（请坐）	zěnyàng	（怎样）
mǎlù	（马路）	fǎngwèn	（访问）
mǎidào	（买到）	yǒu shì	（有事）

2) 자주 쓰이는 발음 17-09

ge	chàng gē	（唱歌）	ren	rénmín	（人民）
	gǎigé	（改革）		rěnràng	（忍让）
	liǎng ge	（两个）		rènzhēn	（认真）

18 路上辛苦了

오시느라 고생하셨습니다

18-01

117 从东京来的飞机到了吗？ 도쿄발 비행기가 도착했습니까?
Cóng Dōngjīng lái de fēijī dào le ma?

118 飞机晚点了。 비행기가 연착되었습니다.
Fēijī wǎndiǎn le.

119 飞机快要起飞了。 비행기가 곧 이륙합니다.
Fēijī kuài yào qǐfēi le.

120 飞机大概三点半能到。 비행기는 아마 3시 반경 도착할 것입니다.
Fēijī dàgài sān diǎn bàn néng dào.

121 我们先去喝点儿咖啡，一会儿再来这儿吧。
Wǒmen xiān qù hē diǎnr kāfēi, yíhuìr zài lái zhèr ba.
우리 우선 가서 커피 좀 마시고, 잠시 후에 다시 여기로 옵시다.

122 路上辛苦了。 오시느라 고생하셨습니다.
Lùshang xīnkǔ le.

123 你怎么知道我要来？ 내가 온다는 것을 어떻게 알았습니까?
Nǐ zěnme zhīdào wǒ yào lái?

124 是和子告诉我的。 가즈코가 나에게 알려 주었습니다.
Shì Hézǐ gàosu wǒ de.

단어 익히기

18-02

| 본문 단어 |

从 cóng 개 ~로부터

飞机 fēijī 명 비행기

晚点 wǎndiǎn 동 연착하다

要……了 yào……le 막 ~하려고 하다

起飞 qǐfēi 동 이륙하다

大概 dàgài 부 아마, 대개

先 xiān 부 먼저

辛苦 xīnkǔ 형 고생스럽다, 수고롭다

服务员 fúwùyuán 명 종업원, 안내원

为什么 wèi shénme 왜, 어째서

一会儿 yíhuìr 수량 잠시, 잠깐 동안

感谢 gǎnxiè 동 감사하다, 고맙다

贸易 màoyì 명 무역

公司 gōngsī 명 회사

| 표현 확장 단어 |

毕业 bìyè 동 졸업하다

饮料 yǐnliào 명 음료

啤酒 píjiǔ 명 맥주

出租车 chūzūchē 명 택시

火车 huǒchē 명 기차

开 kāi 동 운전하다

| 읽고, 듣고, 쓰고, 반복해서 외우세요 |

1 비행기가 곧 이륙합니다 18-03

和子 从东京来的飞机到了吗?
Hézǐ Cóng Dōngjīng lái de fēijī dào le ma?

服务员 还没到。
Fúwùyuán Hái méi dào.

和子 为什么?
Hézǐ Wèi shénme?

服务员 晚点了。飞机现在在上海。
Fúwùyuán Wǎndiǎn le. Fēijī xiànzài zài Shànghǎi.

和子 起飞了吗?
Hézǐ Qǐfēi le ma?

服务员 快要起飞了。
Fúwùyuán Kuài yào qǐfēi le.

和子 什么时候能到?
Hézǐ Shénme shíhou néng dào?

服务员 大概三点半能到。
Fúwùyuán Dàgài sān diǎn bàn néng dào.

和子 刘京，我们先去喝点儿咖啡，一会儿再来这儿吧。
Hézǐ Liú Jīng, wǒmen xiān qù hē diǎnr kāfēi, yíhuìr zài lái zhèr ba.

2 마중 나와 주셔서 감사해요 18-04

和子 你看，李成日来了。
Hézǐ Nǐ kàn, Lǐ Chéngrì lái le.

刘京 你好！路上辛苦了。
Liú Jīng Nǐ hǎo! Lùshang xīnkǔ le.

李成日 你们好！刘京，你怎么知道我要来?
Lǐ Chéngrì Nǐmen hǎo! Liú Jīng, nǐ zěnme zhīdào wǒ yào lái?

刘京 是和子告诉我的。
Liú Jīng Shì Hézǐ gàosu wǒ de.

李成日 感谢你们来接我。
Lǐ Chéngrì Gǎnxiè nǐmen lái jiē wǒ.

和子 我们出去吧！
Hézǐ Wǒmen chūqu ba!

李成日 等一等，还有贸易公司的人接我呢。
Lǐ Chéngrì Děng yi děng, hái yǒu màoyì gōngsī de rén jiē wǒ ne.

刘京 好，我们在这儿等你。
Liú Jīng Hǎo, wǒmen zài zhèr děng nǐ.

표현으로 확장하기

응용 표현 18-05

① 快要起飞了。

上课 shàngkè　考试 kǎoshì
开车 kāichē　毕业 bìyè

② 我们先去喝点儿咖啡，一会儿再来这儿吧。

换 huàn | 钱 qián | 买饮料 mǎi yǐnliào
吃 chī | 东西 dōngxi | 照相 zhàoxiàng
喝 hē | 啤酒 píjiǔ | 看电影 kàn diànyǐng

③ 是和子告诉我的。

刘京 Liú Jīng | 王兰 Wáng Lán
玛丽 Mǎlì | 大卫 Dàwèi

확장 회화 18-06

① A 他是怎么来的？
Tā shì zěnme lái de?

B 他(是)坐出租车来的。
Tā (shì) zuò chūzūchē lái de.

② 火车要开了，快上去吧。
Huǒchē yào kāi le, kuài shàngqu ba.

어법으로 내공쌓기

‘要……了’

1) ‘곧 ~할 것이다’라는 뜻으로, 어떤 동작이나 상황이 곧 발생할 것임을 나타낸다. ‘要 yào’는 ‘곧 ~하려 하다’의 의미로 동사나 형용사 앞에 놓이며, 문장 끝에는 어기조사 ‘了 le’를 쓴다. ‘要’ 앞에 ‘就 jiù’나 ‘快 kuài’를 써서 시간의 긴박함을 나타낼 수도 있다.

火车要开了。 기차가 곧 출발합니다.
Huǒchē yào kāi le.

快要到北京了。 곧 베이징에 도착합니다.
Kuài yào dào Běijīng le.

他就要来了。 그가 곧 올 것입니다.
Tā jiù yào lái le.

2) ‘就要 jiù yào……了 le’ 앞에는 시간사를 넣을 수 있지만, ‘快要 kuài yào……了 le’ 앞에는 시간사를 넣을 수 없다.

他明天就要走了。 그는 내일 갈 것입니다.
Tā míngtiān jiù yào zǒu le.

他明天快要走了。(×)

‘是……的’

1) ‘是 shì……的 de’ 구문은 이미 발생한 동작의 시간이나 장소, 방식 등을 강조하는 데 쓰인다. ‘是’는 강조해야 할 부분의 앞에 놓이며 때로 생략할 수 있다. ‘的’는 문장의 끝에 놓인다.

他(是)昨天来的。 그는 어제 왔습니다.
Tā (shì) zuótiān lái de.

你(是)在哪儿买的? 어디에서 샀습니까?
Nǐ (shì) zài nǎr mǎi de?

我(是)坐飞机来的。 나는 비행기를 타고 왔습니다.
Wǒ (shì) zuò fēijī lái de.

2) 때로 동작의 주체를 강조하는 데 쓰이기도 한다.

(是)她告诉我的。 그녀가 내게 알려 주었습니다.
(Shì) tā gàosu wǒ de.

문제로 실력다지기

1 '要……了' '快要……了' '就要……了'를 사용해 문장을 고쳐 보세요.

| 보기 | 现在是十月，你应该买毛衣了。 → 天气(快)要冷了，你应该买毛衣了。

1) 八点上课，现在七点五十了，我们快走吧。 → ______________________

2) 你再等等，他很快就来。 → ______________________

3) 李成日明天回国，我们去看看他吧。 → ______________________

4) 饭很快就做好，你们在这儿吃饭吧。 → ______________________

2 '(是)……的'를 사용해 대화를 완성하세요.

1) A 这种橘子真好吃，______________________？
   B 是在旁边的商店______________________。

2) A 你给玛丽打电话了吗？
   B 打了。我是昨天晚上______________________。
   A 她知道开车的时间了吗？
   B 她昨天上午就知道了。
   A ______________________？
   B 是刘京告诉她的。

3 실제 상황에 근거해 질문에 대답해 보세요.

1) 你从哪儿来的？你是怎么来的？

2) 你为什么学习汉语？

4 듣고 따라 말해 보세요. 18-07

我从法国来，我是坐飞机来的。我在北京语言大学学习汉语。在法国我没学过汉语，我不会说汉语，也不会写汉字。现在我会说一点儿了，我很高兴。我应该感谢我们的老师。

5 발음을 연습하세요.

1) 성조 연습 : 제3성+경성 18-08

zěnme	（怎么）	wǎnshang	（晚上）
xǐhuan	（喜欢）	jiǎozi	（饺子）
zǎoshang	（早上）	sǎngzi	（嗓子）
jiějie	（姐姐）	nǎinai	（奶奶）
shǒu shang	（手上）	běnzi	（本子）

2) 자주 쓰이는 발음 18-09

he	hē jiǔ	（喝酒）	wei	wēixiǎn	（危险）
	hépíng	（和平）		zhōuwéi	（周围）
	zhùhè	（祝贺）		wěidà	（伟大）
	suíhe	（随和）		wèi shénme	（为什么）

19 欢迎你

환영합니다

19-01

125 别客气。 천만에요.
Bié kèqi.

126 一点儿也不累。 조금도 피곤하지 않습니다.
Yìdiǎnr yě bú lèi.

127 您第一次来中国吗? 당신은 중국에 처음 왔습니까?
Nín dì-yī cì lái Zhōngguó ma?

128 我以前来过(中国)两次。 나는 전에 (중국에) 두 번 와 봤습니다.
Wǒ yǐqián láiguo (Zhōngguó) liǎng cì.

129 这是我们经理给您的信。 이것은 저희 사장님께서 당신께 드리는 편지입니다.
Zhè shì wǒmen jīnglǐ gěi nín de xìn.

130 他问您好。 당신께 안부 전해 달라고 하셨습니다.
Tā wèn nín hǎo.

131 我们在北京饭店请您吃晚饭。
Wǒmen zài Běijīng Fàndiàn qǐng nín chī wǎnfàn.
우리는 베이징호텔에서 당신께 저녁 식사를 대접하겠습니다.

132 我从朋友那儿去饭店。 나는 친구가 있는 곳에서 호텔로 가겠습니다.
Wǒ cóng péngyou nàr qù fàndiàn.

단어 익히기

19-02

| 본문 단어 |

别 bié 부 ~하지 마라

客气 kèqi 형 예의 바르다, 겸손하다, 예의를 차리다

第 dì 접두 제 [수사 앞에 쓰여 순서를 나타냄]

次 cì 양 차례, 번, 회

经理 jīnglǐ 명 사장, 책임자, 지배인

先生 xiānsheng 명 선생님, 씨

翻译 fānyì 명 동 번역가·통역사, 번역하다·통역하다

顺利 shùnlì 형 순조롭다

外边 wàibian 명 밖, 바깥

送 sòng 동 배웅하다, 데려다 주다

以前 yǐqián 명 과거, 이전

麻烦 máfan 동 형 귀찮다, 번거롭다, 귀찮게 하다

不好意思 bù hǎoyìsi 부끄럽다, 쑥스럽다, 미안합니다

不用 búyòng 부 ~할 필요 없다

打车 dǎ chē 택시를 타다

| 표현 확장 단어 |

热 rè 형 덥다, 뜨겁다

慢 màn 형 느리다

分钟 fēnzhōng 명 분

笔 bǐ 명 펜, 필기구

寄 jì 동 (우편으로) 부치다, 보내다

句 jù 양 마디, 구

| 읽고, 듣고, 쓰고, 반복해서 외우세요 |

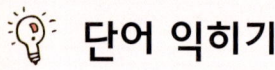

1 오시느라 고생하셨습니다 19-03

王 Wáng 您好！李先生。我是王大年，公司的翻译。
Nín hǎo! Lǐ xiānsheng. Wǒ shì Wáng Dànián, gōngsī de fānyì.

李 Lǐ 谢谢您来接我。
Xièxie nín lái jiē wǒ.

王 Wáng 别客气。路上辛苦了。累了吧？
Bié kèqi. Lùshang xīnkǔ le. Lèi le ba?

李 Lǐ 一点儿也不累，很顺利。
Yìdiǎnr yě bú lèi, hěn shùnlì.

王 Wáng 汽车在外边，我们送您去饭店。
Qìchē zài wàibian, wǒmen sòng nín qù fàndiàn.

李 Lǐ 我还有两个朋友。
Wǒ hái yǒu liǎng ge péngyou.

王 Wáng 那一起走吧。
Nà yìqǐ zǒu ba.

李 Lǐ 谢谢！
Xièxie!

2 우리가 모시러 갈게요 19-04

经理 Jīnglǐ
欢迎您，李先生！
Huānyíng nín, Lǐ xiānsheng!

李 Lǐ
谢谢！
Xièxie!

经理 Jīnglǐ
您第一次来中国吗？
Nín dì-yī cì lái Zhōngguó ma?

李 Lǐ
不，我以前来过两次。这是我们经理给您的信。
Bù, wǒ yǐqián láiguo liǎng cì. Zhè shì wǒmen jīnglǐ gěi nín de xìn.

经理 Jīnglǐ
麻烦您了。
Máfan nín le.

李 Lǐ
他问您好。
Tā wèn nín hǎo.

经理 Jīnglǐ
谢谢。今天我们在北京饭店请您吃晚饭。
Xièxie. Jīntiān wǒmen zài Běijīng Fàndiàn qǐng nín chī wǎnfàn.

李 Lǐ
您太客气了，真不好意思。
Nín tài kèqi le, zhēn bù hǎoyìsi.

经理 Jīnglǐ
您有时间吗？
Nín yǒu shíjiān ma?

李 Lǐ
下午我去朋友那儿，晚上没事。
Xiàwǔ wǒ qù péngyou nàr, wǎnshang méi shì.

经理 Jīnglǐ
我们去接您。
Wǒmen qù jiē nín.

李 Lǐ
不用了，我可以打车从朋友那儿去。
Búyòng le, wǒ kěyǐ dǎ chē cóng péngyou nàr qù.

표현으로 확장하기

응용 표현 19-05

① 一点儿也不累。

一点儿 yìdiǎnr | 不热 bú rè

一点儿 yìdiǎnr | 不慢 bú màn

一样东西 yíyàng dōngxi | 没买 méi mǎi

一分钟 yì fēnzhōng | 没休息 méi xiūxi

② 这是我们经理给您的信。

我姐姐 wǒ jiějie | 给我 gěi wǒ | 笔 bǐ

他哥哥 tā gēge | 送你 sòng nǐ | 花 huā

我朋友 wǒ péngyou | 给我 gěi wǒ | 明信片 míngxìnpiàn

③ A 您是第一次来中国吗?
B 不，我以前来过两次。

吃烤鸭 chī kǎoyā | 吃 chī

看京剧 kàn jīngjù | 看 kàn

来我们学校 lái wǒmen xuéxiào | 来 lái

확장 회화 19-06

① 这次我来北京很顺利。
Zhè cì wǒ lái Běijīng hěn shùnlì.

② 我寄给你的信收到了吗?
Wǒ jì gěi nǐ de xìn shōudào le ma?

③ 我来中国的时候一句汉语也不会说。
Wǒ lái Zhōngguó de shíhou yí jù Hànyǔ yě bú huì shuō.

'从' '在'의 목적어와 '这儿' '那儿'

'从 cóng'과 '在 zài'의 목적어가 사람을 가리키는 명사나 대명사일 경우에는, 반드시 그 뒤에 '这儿 zhèr' 혹은 '那儿 nàr'을 붙여야 장소를 나타낼 수 있다.

他从我这儿去书店。 그는 내가 있는 이곳에서 서점에 갔다.
Tā cóng wǒ zhèr qù shūdiàn.

我从张大夫那儿来。 나는 장 선생님이 계신 곳에서 왔다.
Wǒ cóng Zhāng dàifu nàr lái.

我妹妹在玛丽那儿玩儿。 내 여동생은 메리네에서 놀고 있다.
Wǒ mèimei zài Mǎlì nàr wánr.

我的笔在他那儿。 내 펜은 그에게 있다.
Wǒ de bǐ zài tā nàr.

동량보어

1) 동량보어란 동작이나 행위와 관련된 '횟수'를 보충하는 성분이다. 수사+동량사의 구조로 결합하며, 동사 뒤에 놓여 '동작이 발생한 횟수'를 나타낸다. 자주 쓰이는 동량사는 '次 cì' '遍 biàn' '趟 tàng' '下 xià' 등이 있다.

他来过一次。 그는 한 번 온 적이 있다.
Tā láiguo yí cì.

我找过他两次，他都不在。 나는 그를 두 번 찾았는데, 그는 모두 없었다.
Wǒ zhǎoguo tā liǎng cì, tā dōu bú zài.

2) 동량보어로서의 '一下儿 yíxiàr'은 동작의 횟수를 나타낼 뿐 아니라, 동작의 지속 시간이 짧고, 가볍고 부담없다는 의미를 나타낼 수 있다.

给你们介绍一下儿。 여러분에게 소개 좀 할게요.
Gěi nǐmen jièshào yíxiàr.

你帮我拿一下儿。 나를 도와서 좀 들어 주세요.
Nǐ bāng wǒ ná yíxiàr.

동사, 동사구, 주술구 등이 관형어로 쓰일 때

동사나 동사구, 주술구, 개사구가 관형어로 쓰일 때에는 반드시 '的'를 붙여야 한다.

来的人很多。 오는 사람이 많다. [동사가 관형어로 쓰일 때]
Lái de rén hěn duō.

学习汉语的学生不少。 중국어를 배우는 학생이 많다. [동사구가 관형어로 쓰일 때]
Xuéxí Hànyǔ de xuésheng bù shǎo.

这是经理给您的信。 이것은 사장님께서 당신에게 드리는 편지입니다. [주술구가 관형어로 쓰일 때]
Zhè shì jīnglǐ gěi nín de xìn.

从东京来的飞机下午到。 도쿄에서 오는 비행기는 오후에 도착한다. [개사구가 관형어로 쓰일 때]
Cóng Dōngjīng lái de fēijī xiàwǔ dào.

문제로 실력다지기

1 다음 동사를 사용해 문장을 만들어 보세요.

接　　送　　给　　收　　换

1) ____________________

2) ____________________

3) ____________________

4) ____________________

5) ____________________

2 괄호 안의 단어가 들어갈 알맞은 위치를 고르세요.(A와 B가 모두 가능한 경우도 있음)

1) 我坐过 A 11路汽车 B。（两次）

2) 她去过 A 上海 B。（三次）

3) 动物园我 A 去过 B。（两次）

4) 我哥哥的孩子吃过 A 烤鸭 B。（一次）

5) 你帮我 A 拿 B。（一下儿）

3 '一……也……'를 사용해 [보기]와 같이 문장을 고쳐 보세요.

| 보기 | 我没休息。(天) → 我一天也没休息。

1) 今天我没喝啤酒。(瓶) → ____________________

2) 我没去过动物园。(次) → ____________________

3) 在北京他没骑过自行车。(次) → ____________________

4) 今天我没带钱。(分) → ________________

5) 他不认识汉字。(个) → ________________

4 실제 상황에 근거해 질문에 대답해 보세요.

1) 你来过中国吗？现在是第几次来？

2) 这本书有多少课？这是第几课？

3) 你一天上几节(jié, 수업을 세는 양사)课？现在是第几节课？

4) 你们宿舍楼有几层？你住在几层？

5 다음 상황에 근거해 대화를 나누어 보세요.

1) | 상황 | 공항에 친구를 마중 나간다. (去机场接朋友。)

| 화제 | 오는 길이 어땠는지 묻고, 그에게 지금 어디로 가는지 며칠간 무엇을 할 것인지 등을 알려 준다.
(问候路上怎么样；告诉他现在去哪儿；这几天做什么等。)

2) | 상황 | 기차역에 친구를 마중 나갔는데 기차가 연착되었다.
(去火车站接朋友，火车晚点了。)

| 화제 | 왜 아직 도착하지 않았는지, 언제 도착할 수 있는지 등을 묻는다.
(问为什么还没到，什么时候能到等。)

6 듣고 따라 말해 보세요. 19-07

上星期五我去大同了，我是坐火车去的，今天早上回来的。我第一次去大同。我很喜欢这个地方。

从北京到大同很近。坐火车去大概要七个小时。现在去，不冷也不热。下星期你也去吧。

大同 Dàtóng 고유 따퉁 [지명] | 小时 xiǎoshí 명 시간

7 발음을 연습하세요.

1) 성조 연습 : 제4성+제1성 19-08

qìchē	(汽车)	lùyīn	(录音)
dàyī	(大衣)	chàng gē	(唱歌)
diàndēng	(电灯)	dàjiā	(大家)
hùxiāng	(互相)	hòutiān	(后天)

2) 자주 쓰이는 발음 19-09

ye	yēzi	(椰子)	qian	qiānwàn	(千万)
	yéye	(爷爷)		qiánbian	(前边)
	yuányě	(原野)		qiǎnxiǎn	(浅显)
	shùyè	(树叶)		dàoqiàn	(道歉)

20 为我们的友谊干杯！

우리의 우정을 위해 건배합시다!

20-01

133 请这儿坐。 여기에 앉으세요.
Qǐng zhèr zuò.

134 我过得很愉快。 나는 즐겁게 지냈습니다.
Wǒ guò de hěn yúkuài.

135 您喜欢喝什么酒？ 당신은 어떤 술을 좋아합니까?
Nín xǐhuan hē shénme jiǔ?

136 为我们的友谊干杯！ 우리의 우정을 위해 건배합시다!
Wèi wǒmen de yǒuyì gānbēi!

137 这个鱼做得真好吃。 이 생선은 정말 맛있게 요리되었습니다.
Zhège yú zuò de zhēn hǎochī.

138 你们别客气，像在家一样。 어려워하지 말고 집에서처럼 편하게 하세요.
Nǐmen bié kèqi, xiàng zài jiā yíyàng.

139 我做菜做得不好。 나는 요리를 잘 못합니다.
Wǒ zuò cài zuò de bù hǎo.

140 你们慢慢吃。 천천히 드세요.
Nǐmen mànmàn chī.

단어 익히기

20-02

| 본문 단어 |

过 guò 동 지내다, 지나다

得 de 조 동사나 형용사의 뒤에 쓰여 정도보어와 연결시키는 구조조사

愉快 yúkuài 형 유쾌하다, 기쁘다

喜欢 xǐhuan 동 좋아하다

为……干杯 wèi……gānbēi ~을 위해 건배하다

友谊 yǒuyì 명 우정

鱼 yú 명 생선

好吃 hǎochī 형 맛있다

像 xiàng 동 ~와 같다, 비슷하다

一样 yíyàng 형 같다

大家 dàjiā 대 모두, 다들

健康 jiànkāng 형 건강하다

饺子 jiǎozi 명 만두

饱 bǎo 형 배부르다

| 표현 확장 단어 |

生活 shēnghuó 동 명 생활하다, 생활

睡 shuì 동 잠자다

晚 wǎn 형 늦다

洗 xǐ 동 씻다

干净 gānjìng 형 깨끗하다

照片 zhàopiàn 명 사진

辆 liàng 양 대 [차량을 세는 양사]

| 읽고, 듣고, 쓰고, 반복해서 외우세요 |

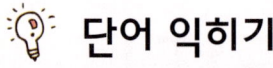

회화로 배우기

1 건배합시다! 20-03

翻译 Fānyì
李先生，请这儿坐。
Lǐ xiānsheng, qǐng zhèr zuò.

李 Lǐ
谢谢！
Xièxie!

经理 Jīnglǐ
这两天过得怎么样？
Zhè liǎng tiān guò de zěnmeyàng?

李 Lǐ
过得很愉快。
Guò de hěn yúkuài.

翻译 Fānyì
您喜欢喝什么酒？
Nín xǐhuan hē shénme jiǔ?

李 Lǐ
啤酒吧。
Píjiǔ ba.

经理 Jīnglǐ
您尝尝这个菜怎么样？
Nín chángchang zhège cài zěnmeyàng?

李 Lǐ
很好吃。
Hěn hǎochī.

经理 Jīnglǐ
多吃点，别客气。
Duō chī diǎn, bié kèqi.

李 Lǐ
好的，谢谢。
Hǎo de, xièxie.

经理 来，为我们的友谊干杯！①
Jīnglǐ Lái, wèi wǒmen de yǒuyì gānbēi!

李 为大家的健康干杯！
Lǐ Wèi dàjiā de jiànkāng gānbēi!

翻译 干杯！
Fānyì Gānbēi!

2 천천히 드세요 20-04

刘京 我们先喝酒吧。
Liú Jīng Wǒmen xiān hē jiǔ ba.

李成日 这个鱼做得真好吃。
Lǐ Chéngrì Zhège yú zuò de zhēn hǎochī.

刘京妈妈 你们别客气，像在家一样。
Liú Jīng māma Nǐmen bié kèqi, xiàng zài jiā yíyàng.

李成日 好的，谢谢您。
Lǐ Chéngrì Hǎo de, xièxie nín.

刘京妈妈 吃饺子吧。
Liú Jīng māma Chī jiǎozi ba.

和子 我最喜欢吃饺子了。
Hézǐ Wǒ zuì xǐhuan chī jiǎozi le.

刘京 听说你很会做日本菜。
Liú Jīng Tīngshuō nǐ hěn huì zuò Rìběn cài.

和子 哪儿啊②，我做得不好。
Hézǐ Nǎr a, wǒ zuò de bù hǎo.

刘京 你怎么不吃了?
Liú Jīng Nǐ zěnme bù chī le?

和子 吃饱了。你们慢慢吃。③
Hézǐ Chī bǎo le. Nǐmen mànmàn chī.

표현 따라잡기

① **为我们的友谊干杯!** 우리의 우정을 위해 건배합시다!
개사 '为'는 동작의 목적을 설명하는 데 쓰이며, 반드시 동사의 앞에 놓아야 한다.

② **哪儿啊。** 뭘요, 아니에요.
'哪儿啊'는 부정의 의미를 나타낸다. 주로 다른 사람의 칭찬에 대한 대답으로 쓰이는데, 자신은 상대방이 말한 것처럼 그렇게 뛰어나지 않다는 의미를 표현한다.

③ **你们慢慢吃。** 천천히 드세요.
관용적인 인사말이다. 자신은 다 먹었고 다른 사람은 아직 다 먹지 않았을 때 '慢慢吃' 또는 '慢用'이라고 말한다.

표현으로 확장하기

응용 표현 20-05

① 我过得很愉快。

我们 wǒmen | 生活 shēnghuó | 好 hǎo

他 tā | 说 shuō | 快 kuài

张先生 Zhāng xiānsheng | 休息 xiūxi | 不错 búcuò

大卫 Dàwèi | 睡 shuì | 晚 wǎn

② 这个鱼做得真好吃。

件 jiàn | 衣服 yīfu | 洗 xǐ | 干净 gānjìng

张 zhāng | 照片 zhàopiàn | 照 zhào | 好 hǎo

辆 liàng | 汽车 qìchē | 开 kāi | 快 kuài

③ 我做菜做得不好。

做 zuò | 饺子 jiǎozi | 好吃 hǎochī

写 xiě | 汉字 Hànzì | 好看 hǎokàn

翻译 fānyì | 生词 shēngcí | 快 kuài

확장 회화 20-06

① 他汉语说得真好，像中国人一样。
Tā Hànyǔ shuō de zhēn hǎo, xiàng Zhōngguórén yíyàng.

② 你说得太快，我没听懂，请你说得慢一点儿。
Nǐ shuō de tài kuài, wǒ méi tīngdǒng, qǐng nǐ shuō de màn yìdiǎnr.

어법으로 내공쌓기

정도보어

1) 동사나 형용사 뒤에서 동작이나 상태의 수준이 어느 정도에 이르렀는지를 보충 설명하는 보어를 정도보어라고 한다. '술어+得 de+정도보어'의 형식으로 쓰인다.

我们休息得很好。 우리는 잘 쉬었다.
Wǒmen xiūxi de hěn hǎo.

玛丽、大卫他们玩儿得很愉快。 메리와 데이비드는 즐겁게 놀았다.
Mǎlì、Dàwèi tāmen wánr de hěn yúkuài.

2) 정도보어의 부정형은 보어 앞에 부정부사 '不 bù'를 붙이는 것이다. 주의할 점은 '不'를 동사 앞에 놓아서는 안 된다는 것이다.

他来得不早。 그는 일찍 오지 않았다.
Tā lái de bù zǎo.

他生活得不太好。 그는 그다지 잘 살지 못한다.
Tā shēnghuó de bú tài hǎo.

3) 정도보어의 긍정형과 부정형을 함께 나열하여 정반의문문을 만들 수 있다.

你休息得好不好? 당신은 잘 쉬었습니까?
Nǐ xiūxi de hǎo bu hǎo?

这个鱼做得好吃不好吃? 이 생선은 맛있게 요리되었습니까?
Zhège yú zuò de hǎochī bu hǎochī?

정도보어와 목적어

동사가 목적어를 가질 경우, 동사를 한 번 더 반복하여 목적어 뒤에 쓰고 '得 de+정도보어'를 붙인다.

他说汉语说得很好。 그는 중국어를 매우 잘한다.
Tā shuō Hànyǔ shuō de hěn hǎo.

她做菜做得很不错。 그녀는 요리를 꽤 잘한다.
Tā zuò cài zuò de hěn búcuò.

我写汉字写得不太好。 나는 한자를 그다지 잘 쓰지 못한다.
Wǒ xiě Hànzì xiě de bú tài hǎo.

문제로 실력다지기

1 다음 제시된 어구를 읽고 5개를 골라 문장을 만들어 보세요. 20-07

起得很早	走得很快	玩儿得很高兴
生活得很愉快	穿得很多	演得好极了
休息得不太好	来得不晚	写得不太慢

2 정도보어를 사용해 문장을 완성하세요.

1) 他洗衣服＿＿＿＿＿＿＿＿＿＿＿＿＿＿＿＿。

2) 我姐姐做鱼＿＿＿＿＿＿＿＿＿＿＿＿＿＿＿。

3) 小王开车＿＿＿＿＿＿＿＿＿＿＿＿＿＿＿＿。

4) 他划船＿＿＿＿＿＿＿＿＿＿＿＿＿＿＿＿＿。

3 '得+정도보어'를 사용해 대화를 완성하세요.

1) A 你喜欢吃鱼吗？这鱼做＿＿＿＿＿＿＿＿＿＿？
B ＿＿＿＿＿＿＿＿＿＿很好吃。

2) A 今天的京剧演＿＿＿＿＿＿＿＿＿＿？
B ＿＿＿＿＿＿＿＿＿＿很好。

3) A 昨天晚上你几点睡的？
B 十二点。
A ＿＿＿＿＿＿＿＿＿＿。你早上起得也很晚吧？
B 不，＿＿＿＿＿＿＿＿＿＿。

4 '在' '给' '得' '像……一样' '跟……一起'를 사용해 빈칸을 채우세요.

王兰、和子都__________语言大学学习，她们是好朋友，__________姐姐和妹妹__________。上星期我__________她们__________去北海公园玩儿。我__________她们照相，照得很多，都照__________很好。那天我们玩儿__________很愉快。

5 '得+정도보어' 형식을 사용해 당신의 하루 일과를 이야기해 보세요.

| 화제 |

1) 당신은 언제 일어나서 언제 교실에 갑니까? 언제 잡니까? 일찍 잡니까, 늦게 잡니까?
(你什么时候起床？什么时候去教室？什么时候睡觉？早还是晚？)

2) 당신은 중국어를 배우는 게 어떻습니까? 배우기가 어렵습니까? 매일 몇 시간 공부합니까?
(你学汉语学得怎么样？学得难不难？每天学习几个小时？)

6 듣고 따라 말해 보세요. 20-08

昨天我和几个小朋友去划船了。孩子们很喜欢划船，他们划得很好。我坐在船上高兴极了，也像孩子一样玩儿。这一天过得真有意思！

小朋友 xiǎopéngyǒu 명 어린이, 꼬마

7 발음을 연습하세요.

1) 성조 연습 : 제4성+제2성 20-09

bù lái	（不来）	liànxí	（练习）
qùnián	（去年）	fùxí	（复习）
rìchéng	（日程）	wèntí	（问题）
xìngmíng	（姓名）	gàobié	（告别）
sòngxíng	（送行）	kètáng	（课堂）

2) 자주 쓰이는 발음 20-10

gong	gōngrén	(工人)	jiu	jiūjìng	(究竟)
	gǒnggù	(巩固)		hǎojiǔ	(好久)
	yígòng	(一共)		chéngjiù	(成就)

잰말놀이로 발음 연습 | 绕口令 ràokǒulìng

rao 06

妈妈种麻，我去放马，马吃了麻，妈妈骂马。

Māma zhòng má, wǒ qù fàng mǎ, mǎ chī le má, māma mà mǎ.

엄마가 마를 심고 나는 말을 풀어놓았다. 말이 마를 먹자 엄마가 말을 혼낸다.

rao 07

娃娃画画，妈妈绣花。娃娃看妈妈绣娃娃，妈妈看娃娃画妈妈。

Wáwa huà huà, māma xiù huā. Wáwa kàn māma xiù wáwa, māma kàn wáwa huà māma.

아기는 그림을 그리고, 엄마는 수를 놓는다. 아기는 엄마가 아기 수를 놓는 것을 보고, 엄마는 아기가 엄마를 그리는 것을 본다.

rao 08

妞妞轰牛，牛拗，妞妞拧牛。

Niūniu hōng niú, niú niù, niūniu níng niú.

여자아이가 소를 모는데, 소가 고분고분하지 않아 소를 잡아당긴다.

rao 09

这是蚕，那是蝉，蚕常在叶里藏，蝉常在林里唱。

Zhè shì cán, nà shì chán, cán cháng zài yèli cáng, chán cháng zài línli chàng.

이것은 누에이고, 저것은 매미이다. 누에는 늘 잎 속에 숨어 있고, 매미는 항상 숲속에서 노래한다.

rao 10

天上小星星，地上小青青。

Tiānshang xiǎo xīngxīng, dìshang xiǎo qīngqīng.

青青看星星，星星亮晶晶。

Qīngqīng kàn xīngxīng, xīngxīng liàng jīngjīng.

青青数星星，星星数不清。

Qīngqīng shǔ xīngxīng, xīngxīng shǔ bu qīng.

하늘에는 작은 별, 땅에는 작은 새싹. 새싹은 별을 보고, 별은 반짝반짝. 새싹은 별을 세고, 별은 헤아릴 수 없네.

복습 4
16 · 17 · 18 · 19 · 20

상황회화

1 옛 친구를 만나서 정말 기뻐요 fuxi 04-01

[존의 중국 친구가 오늘 베이징에서 온다. 존이 공항으로 그를 마중 나갔다.]

约翰 Yuēhàn
啊，小王，路上辛苦了！
À, Xiǎo Wáng, lùshang xīnkǔ le!

王 Wáng
不辛苦。谢谢你来接我。
Bù xīnkǔ. Xièxie nǐ lái jiē wǒ.

约翰 Yuēhàn
别客气。收到你的信，知道你要来旧金山，我高兴极了。
Bié kèqi. Shōudào nǐ de xìn, zhīdào nǐ yào lái Jiùjīnshān, wǒ gāoxìng jí le.

王 Wáng
我很高兴能见到老朋友。刘小华、珍妮他们都好吗？
Wǒ hěn gāoxìng néng jiàndào lǎo péngyou. Liú Xiǎohuá、Zhēnnī tāmen dōu hǎo ma?

约翰 Yuēhàn
都很好。他们很忙，今天没时间来接你。
Dōu hěn hǎo. Tāmen hěn máng, jīntiān méi shíjiān lái jiē nǐ.

王 Wáng
我们都是老朋友了，不用客气。
Wǒmen dōu shì lǎo péngyou le, búyòng kèqi.

约翰 Yuēhàn
为了欢迎你来，星期六我们请你在中国饭店吃饭。
Wèile huānyíng nǐ lái, xīngqīliù wǒmen qǐng nǐ zài Zhōngguó Fàndiàn chī fàn.

王 Wáng
谢谢！给你们添麻烦了。
Xièxie! Gěi nǐmen tiān máfan le.

2 당신은 옛날이랑 똑같네요 fuxi 04-02

珍妮 小王怎么还没来?
Zhēnnī Xiǎo Wáng zěnme hái méi lái?

刘 还没到时间。
Liú Hái méi dào shíjiān.

珍妮 他第一次来旧金山，能找到这儿吗?
Zhēnnī Tā dì-yī cì lái Jiùjīnshān, néng zhǎodào zhèr ma?

约翰 这个饭店很有名，能找到。
Yuēhàn Zhège fàndiàn hěn yǒumíng, néng zhǎodào.

刘 啊，你们看，小王来了!
Liú À, nǐmen kàn, Xiǎo Wáng lái le!

约翰 小王，快来! 这儿坐。
Yuēhàn Xiǎo Wáng, kuài lái! Zhèr zuò.

珍妮 三年没见，你跟以前一样。
Zhēnnī Sān nián méi jiàn, nǐ gēn yǐqián yíyàng.

王 是吗?
Wáng Shì ma?

珍妮 这是菜单。小王，你想吃什么?
Zhēnnī Zhè shì càidān. Xiǎo Wáng, nǐ xiǎng chī shénme?

约翰 我知道，他喜欢吃糖醋鱼，还有……
Yuēhàn Wǒ zhīdào, tā xǐhuan chī tángcùyú, hái yǒu……

王 你们太客气了，我真不好意思。
Wáng Nǐmen tài kèqi le, wǒ zhēn bù hǎoyìsi.

刘 我们先喝酒吧。
Liú Wǒmen xiān hē jiǔ ba.

约翰 Yuēhàn
来，为我们的友谊干杯！
Lái, wèi wǒmen de yǒuyì gānbēi!

珍妮、刘、王 Zhēnnī、Liú、Wáng
干杯！
Gānbēi!

fuxi 04-03

约翰 Yuēhàn 고유 존(John) [인명]
见到 jiàndào 동 보다, 만나다
刘小华 Liú Xiǎohuá 고유 리우샤오화 [인명]
添 tiān 동 보태다, 더하다
菜单 càidān 명 메뉴
旧金山 Jiùjīnshān 고유 샌프란시스코(San Francisco)
老 lǎo 형 오래된, 옛부터의
珍妮 Zhēnnī 고유 제니(Jenny) [인명]
见 jiàn 동 만나다
糖醋鱼 tángcùyú 고유 탕수 소스로 맛을 낸 생선요리

핵심어법

★ 술어의 주요 성분에 따른 4가지 문장 유형

1 명사술어문

명사나 명사구, 수량사 등이 직접 술어가 되는 문장을 명사술어문이라고 한다.

今天星期六。 오늘은 토요일이다.
Jīntiān xīngqīliù.

他今年二十岁。 그는 올해 스무 살이다.
Tā jīnnián èrshí suì.

现在两点钟。 지금은 2시이다.
Xiànzài liǎng diǎn zhōng.

这本书十八块五。 이 책은 18위안 5마오이다.
Zhè běn shū shíbā kuài wǔ.

2 동사술어문

술어의 주요 성분이 동사인 문장을 동사술어문이라고 한다.

我写汉字。 나는 한자를 쓴다.
Wǒ xiě Hànzì.

他想学习汉语。 그는 중국어를 배우고 싶어한다.
Tā xiǎng xuéxí Hànyǔ.

他来中国旅行。 그는 중국에 여행 왔다.
Tā lái Zhōngguó lǚxíng.

玛丽和大卫去看电影。 메리와 데이비드는 영화를 보러 간다.
Mǎlì hé Dàwèi qù kàn diànyǐng.

3 형용사술어문

술어의 주요 성분이 형용사인 문장을 형용사술어문이라고 한다. 사람이나 사물의 상태에 대해 묘사하거나, 사물의 변화를 설명하는 데 쓰인다.

天气热了。 날씨가 더워졌다.
Tiānqì rè le.

张老师很忙。 장 선생님은 매우 바쁘시다.
Zhāng lǎoshī hěn máng.

这本汉语书很便宜。 이 중국어책은 매우 싸다.
Zhè běn Hànyǔ shū hěn piányi.

4 주술술어문

주술술어문의 술어는 자체가 하나의 주술구로 이루어져 있다. 주로 주어를 설명하거나 묘사한다.

我爸爸身体很好。 우리 아버지는 건강하시다.
Wǒ bàba shēntǐ hěn hǎo.

他工作很忙。 그는 일이 매우 바쁘다.
Tā gōngzuò hěn máng.

今天天气很不错。 오늘 날씨가 좋다.
Jīntiān tiānqì hěn búcuò.

★ 의문문의 6가지 유형

1 '吗'를 이용한 의문문

가장 자주 쓰이는 질문 방식으로, 가능한 대답에 대해 미리 추측하지 않는다.

你是学生吗? 당신은 학생입니까?
Nǐ shì xuésheng ma?

你喜欢看中国电影吗? 당신은 중국영화 보는 것을 좋아합니까?
Nǐ xǐhuan kàn Zhōngguó diànyǐng ma?

你有明信片吗? 당신은 엽서를 가지고 있습니까?
Nǐ yǒu míngxìnpiàn ma?

2 정반의문문

긍정형과 부정형을 함께 나열하여 질문한다.

你认识不认识他? 당신은 그를 압니까?
Nǐ rènshi bu rènshi tā?

你们学校大不大? 당신들의 학교는 큽니까?
Nǐmen xuéxiào dà bu dà?

你有没有弟弟? 당신은 남동생이 있습니까?
Nǐ yǒu méiyǒu dìdi?

明天你去不去长城? 내일 당신은 만리장성에 갑니까?
Míngtiān nǐ qù bu qù Chángchéng?

3 의문대명사를 이용한 의문문

'谁 shéi' '什么 shénme' '哪 nǎ' '哪儿 nǎr' '怎么样 zěnmeyàng' '多少 duōshao' '几 jǐ' 등의 의문대명사를 사용하여 질문한다.

谁是你们的老师? 누가 여러분의 선생님입니까?
Shéi shì nǐmen de lǎoshī?

哪本书是你的? 어느 책이 당신의 것입니까?
Nǎ běn shū shì nǐ de?

他身体怎么样? 그의 건강은 어떻습니까?
Tā shēntǐ zěnmeyàng?

今天星期几? 오늘은 무슨 요일입니까?
Jīntiān xīngqī jǐ?

4 '还是'를 이용한 선택의문문

질문하는 사람이 두 개의 답을 추측할 수 있을 때, '还是 háishi'를 이용해 선택의문문을 만들어 질문한다.

你上午去还是下午去? 당신은 오전에 갑니까, 오후에 갑니까?
Nǐ shàngwǔ qù háishi xiàwǔ qù?

他是美国人还是法国人? 그는 미국인입니까, 프랑스인입니까?
Tā shì Měiguórén háishi Fǎguórén?

你去看电影还是去看京剧? 당신은 영화를 보러 갑니까, 경극을 보러 갑니까?
Nǐ qù kàn diànyǐng háishi qù kàn jīngjù?

5 '呢'를 이용한 생략의문문

我很好，你呢？ 나는 잘 지냅니다. 당신은요?
Wǒ hěn hǎo, nǐ ne?

大卫看电视，玛丽呢？ 데이비드는 텔레비전을 봅니다. 메리는요?
Dàwèi kàn diànshì, Mǎlì ne?

6 '……，好吗？'를 이용한 질문

이러한 문장은 주로 건의를 하고 상대방의 의견을 구할 때 쓴다.

我们明天去，好吗？ 우리 내일 가는 게 어때요?
Wǒmen míngtiān qù, hǎo ma?

실전연습

1 방향보어가 있는 문장으로 질문에 대답해 보세요.

① 你带来词典了吗？

② 你妈妈寄来信了吗？

③ 昨天下午你出去了吗？

④ 他买来橘子了吗？

2 실제 상황에 근거해 질문에 대답해 보세요.

① 你是从哪儿来中国的？怎么来的？

② 你在哪儿上课？你骑自行车去上课吗？

③ 你常常看电影还是常常看电视？

④ 你们学校外国留学生多吗？哪个国家的留学生多？

⑤ 你去过长城吗？你玩儿得高兴不高兴？你照相了吗？照得怎么样？

3 제시된 문장으로 회화를 연습해 보세요.

① 감사

谢谢!	感谢你……	麻烦你了!

② 환영

欢迎您!	路上辛苦了。
路上顺利吗?	什么时候到的?

③ 초대

你喜欢什么酒?	很好吃。
别客气，多吃点儿。	不吃(喝)了。
为……干杯!	吃饱了。

4 발음을 연습하세요.

① 성조 연습 : 제4성+제4성 fuxi 04-04

shàngkè (上课)
zài jiàoshì shàngkè (在教室上课)
xiànzài zài jiàoshì shàngkè (现在在教室上课)

bìyè (毕业)
xià ge yuè bìyè (下个月毕业)
dàgài xià ge yuè bìyè (大概下个月毕业)

② 큰 소리로 읽기 fuxi 04-05

A Wǒ zuì xǐhuan dàxióngmāo.
B Wǒ yě xǐhuan dàxióngmāo.
A Wǒmen qù dòngwùyuán ba.
B Hǎo jí le. Xiàwǔ jiù qù.

단문독해 fuxi 04-06

阿里：
Ālǐ:

你好！听说你要去北京语言大学学习了，我很高兴。我给你介绍一下儿那个学校。
Nǐ hǎo! Tīngshuō nǐ yào qù Běijīng Yǔyán Dàxué xuéxí le, wǒ hěn gāoxìng. Wǒ gěi nǐ jièshào yíxiàr nàge xuéxiào.

语言大学很大，有很多留学生，也有中国学生。留学生学习汉语；中国学生学习外语。
Yǔyán Dàxué hěn dà, yǒu hěn duō liúxuéshēng, yě yǒu Zhōngguó xuésheng. Liúxuéshēng xuéxí Hànyǔ; Zhōngguó xuésheng xuéxí wàiyǔ.

学校里有很多楼。你可以住在留学生宿舍。留学生食堂就在宿舍楼旁边。他们做的饭菜还不错。
Xuéxiào li yǒu hěn duō lóu. Nǐ kěyǐ zhù zài liúxuéshēng sùshè. Liúxuéshēng shítáng jiù zài sùshè lóu pángbiān. Tāmen zuò de fàncài hái búcuò.

学校里有个小邮局，那儿可以寄信、买邮票，也可以寄东西。
Xuéxiào li yǒu ge xiǎo yóujú, nàr kěyǐ jì xìn、mǎi yóupiào, yě kěyǐ jì dōngxi.

离学校不远有个商店，那儿东西很多，也很便宜。我在语言大学的时候，常去那儿买东西。
Lí xuéxiào bù yuǎn yǒu ge shāngdiàn, nàr dōngxi hěn duō, yě hěn piányi. Wǒ zài Yǔyán Dàxué de shíhou, cháng qù nàr mǎi dōngxi.

你知道吗？娜依就在北京大学学习。北大离语言大学很近。你有时间可以去那儿找她。
Nǐ zhīdào ma? Nàyī jiù zài Běijīng Dàxué xuéxí. BěiDà lí Yǔyán Dàxué hěn jìn. Nǐ yǒu shíjiān kěyǐ qù nàr zhǎo tā.

娜依的哥哥毕业了。他上个月从英国回来。现在还没找到工作呢。他问你好。
Nàyī de gēge bìyè le. Tā shàng ge yuè cóng Yīngguó huílai. Xiànzài hái méi zhǎo dào gōngzuò ne. Tā wèn nǐ hǎo.

好，不多写了。等你回信。
Hǎo, bù duō xiě le. Děng nǐ huíxìn.

祝你愉快！
Zhù nǐ yúkuài!

你的朋友 莎菲
nǐ de péngyou Shāfēi

2017年8月3日
èr líng yī qī nián bā yuè sān rì

阿里 Ālǐ 고유 아리 [인명]
娜依 Nàyī 고유 나이 [인명]
莎菲 Shāfēi 고유 소피(Sophie) [인명]
外语 wàiyǔ 명 외국어
祝 zhù 동 바라다, 기원하다

부록

1_

해석 회화로 배우기 · 표현으로 확장하기 · 문제로 실력다지기

2_

모범답안

▶ 본 교재의 부록 PDF 파일을 다락원 홈페이지 학습자료 코너에서 다운로드 할 수 있습니다.

01 안녕하세요!

회화로 배우기

① 안녕!

데이비드 메리, 안녕!
메리 안녕, 데이비드!

② 잘 지내니?

왕란 잘 지내니?
리우징 잘 지내. 너는 잘 지내니?
왕란 나도 잘 지내.

표현으로 확장하기

응용 표현

① 안녕!
여러분 안녕하세요!

② 잘 지내요?
여러분 잘 지내요?
그녀는 잘 지내요?
그는 잘 지내요?
그들은 잘 지내요?

확장 회화

① A 너희들 잘 지내니?
B 우리는 모두 잘 지내.
A 너는 잘 지내니?
B 나도 잘 지내.

② A 너 올 거니?
B 올 거야.
A 아버지, 어머니도 오시니?
B 두 분 모두 오셔.

02 건강은 어떻습니까?

회화로 배우기

① 건강은 어떠신가요?

리 선생님 안녕하세요!
왕 선생님 안녕하세요!
리 선생님 건강은 어떠신가요?
왕 선생님 좋아요. 감사합니다!

② 안녕히 가세요!

장 선생님 너희들 잘 지내니?
왕란 저희는 잘 지내요. 선생님 건강은 어떠세요?
장 선생님 나도 매우 좋단다. 또 보자!
리우징 안녕히 가세요!

표현으로 확장하기

응용 표현

① 안녕! [아침 인사]
안녕하세요!
여러분 안녕하세요!
장 선생님 안녕하세요!
리 선생님 안녕하세요!

② 건강은 어떻습니까?(건강하십니까?)
그는 건강합니까?
여러분은 건강합니까?
그들은 건강합니까?
왕 선생님은 건강하십니까?
장 선생님은 건강하십니까?

확장 회화

① 5일 8일 9일 14일 27일 31일

② A 오늘은 6일이야. 리 선생님은 오시니?
B 오실 거야.

03 일이 바쁩니까?

회화로 배우기

① 일이 바쁘신가요?

리 선생님 안녕하세요!
장 선생님 안녕하세요!
리 선생님 일이 바쁘세요?
장 선생님 매우 바빠요. 당신은요?
리 선생님 저는 그다지 바쁘지 않아요.

② 나는 바쁘지 않아요

데이비드 선생님, 안녕하세요!
메리 선생님, 안녕하세요!
장 선생님 안녕!
데이비드 선생님 바쁘세요?
장 선생님 매우 바쁘단다. 너희들은 어떠니?
데이비드 저는 바쁘지 않아요.
메리 저도 바쁘지 않아요.

③ 아버지, 어머니는 건강하신가요?

왕란 리우징, 안녕!
리우징 안녕!
왕란 아버지, 어머니께서는 건강하시니?
리우징 두 분 모두 건강하셔. 고마워!

표현으로 확장하기

응용 표현

① 선생님 바쁘세요?
선생님 잘 지내세요?
선생님 피곤하세요?

② A 아버지, 어머니는 건강하세요?
B 두 분 모두 건강하세요.
A 형(오빠), 누나(언니)는 건강합니까?
A 남동생, 여동생은 건강합니까?

확장 회화

① 1월 2월 6월 12월

② 오늘은 10월 31일이다.
내일은 11월 1일이다.
올해는 2017년이고, 내년은 2018년이다.

04 당신의 성씨는 무엇입니까?

회화로 배우기

① 내 이름은 왕란이에요

메리 내 이름은 메리예요. 당신의 성씨는 무엇인가요?
왕란 나는 왕씨예요. 내 이름은 왕란이에요.
메리 만나서 반가워요.
왕란 저도 만나서 반가워요.

② 당신의 성씨는 무엇인가요?

데이비드 선생님, 성씨가 어떻게 되십니까?
장 선생님 내 성은 장이네. 자네는 이름이 뭔가?
데이비드 제 이름은 데이비드입니다. 그녀의 성씨는 무엇인가요?
장 선생님 그녀는 왕씨야.
데이비드 그녀는 선생님인가요?
장 선생님 그녀는 선생님이 아니고 학생이네.

표현으로 확장하기

응용 표현

① 나는 당신을 압니다.
나는 그를 압니다.
나는 메리를 압니다.
나는 그 학생을 압니다.
나는 그들의 선생님을 압니다.

나는 이 사람을 압니다.

② A 그녀(그)는 선생님입니까?
B 그녀(그)는 선생님이 아니고 학생입니다.
A 그는 의사입니까?
B 그는 의사가 아니고 유학생입니다.
A 그녀는 당신의 여동생입니까?
B 그녀는 내 여동생이 아니고 친구입니다.
A 그는 당신의 친구입니까?
B 그는 내 친구가 아니고 형(오빠)입니다.

확장 회화

A 나는 저 사람을 모르는데, 그녀의 이름은 무엇입니까?
B 그녀는 메리라고 합니다.
A 그녀는 미국인입니까?
B 네, 그녀는 미국인입니다.

★ 문제로 실력다지기

3 듣고 따라 말해 보세요.

나는 왕잉을 안다. 그녀는 학생이다. 그녀를 알게 되어 매우 기쁘다. 그녀의 아버지는 의사이고, 어머니는 선생님이다. 그분들은 모두 건강하시고, 일도 매우 바쁘시다. 그녀의 여동생도 학생인데, 그녀는 그다지 바쁘지 않다.

05 제가 소개해 드리겠습니다

★ 회화로 배우기

① 저 사람은 누구예요?

메리 왕란, 그는 누구니?
왕란 메리, 내가 소개해 줄게. 이쪽은 우리 오빠야.
왕린 나는 왕린이라고 해. 만나서 반갑다.
메리 만나 뵙게 되어 저도 기뻐요.
왕란 너 어디 가니?
메리 베이징대학에 가. 어디 가?
왕린 우리는 상점에 가.
메리 안녕히 가세요!
왕란, 왕린 잘 가!

② 장 선생님 집에 계세요?

가즈코 장 선생님 집에 계시니?
샤오잉 계시는데요. 당신은…….
가즈코 나는 장 선생님의 학생이야, 성은 야마시타고 이름은 가즈코라고 해. 넌…….
샤오잉 저는 샤오잉이라고 해요. 장 선생님은 제 아버지세요. 들어오세요!
가즈코 고마워!

★ 표현으로 확장하기

응용 표현

① 제가 좀 소개할게요.
좀 와 보세요.
내가 좀 볼게요.
좀 들어 보세요.
나는 좀 쉴게요.

② A 당신은 어디에 갑니까?
B 나는 베이징대학에 갑니다.
B 나는 상점에 갑니다.
B 나는 기숙사에 갑니다.
B 나는 교실에 갑니다.
B 나는 술집에 갑니다.
B 나는 슈퍼마켓에 갑니다.

③ 장 선생님 집에 계시니?
너희 아버지 집에 계시니?
너희 어머니 집에 계시니?
네 여동생 집에 있니?

확장 회화

① A 너 상점에 가니?
B 나는 상점에 가는 게 아니고 집에 가.

② A 데이비드는 기숙사에 있니?
B 없어, 그는 302호 교실에 있어.

문제로 실력다지기

4 듣고 따라 말해 보세요.

내 소개를 하겠습니다. 내 이름은 메리이고, 미국 유학생입니다. 저쪽은 데이비드이고, 제 친구입니다. 그도 유학생이고, 프랑스인입니다. 리우징과 왕란은 우리의 친구입니다. 우리는 그들을 알게 되어서 매우 기쁩니다.

복습 1

01·02·03·04·05

상황회화

① 만나서 반갑습니다

린	안녕!
A	린 선생님, 안녕하세요!
린	아버지, 어머니는 건강하시니?
A	두 분 모두 건강하세요. 감사합니다!
린	여기는…….
A	얘는 제 친구예요. 마샤오민이라고 하고요. [마샤오민에게] 린 선생님은 우리 아버지 친구분이셔.
마	린 선생님, 안녕하세요! 만나 뵙게 되어 기쁩니다.
린	나도 만나서 반갑다. 너희들 어디에 가니?
마	집에 가요.
A	저도 얘네 집에 가요. 선생님은요?
린	난 상점에 간다. 잘 가거라!
A, 마	안녕히 가세요!

② 내 이름은 마샤오칭입니다

까오	마샤오민 집에 있습니까?
B	있는데요. 성함이 어떻게 되세요?
까오	제 성은 까오이고, 마샤오민의 선생님입니다.
B	까오 선생님, 들어오세요.
까오	당신은…….
B	저는 마샤오민의 누나, 마샤오칭이라고 합니다.

단문독해

그의 이름은 데이비드이고, 프랑스인이다. 그는 베이징어언대학에서 공부한다.

메리는 미국인이다. 그녀는 데이비드를 안다. 그들은 학교 친구이다.

리우징과 왕란은 중국인이다. 그들은 모두 메리와 데이비드를 안다. 그들은 자주 메리와 데이비드를 만나러 유학생 기숙사에 간다.

메리와 데이비드의 선생님은 장씨이다. 장 선생님은 매우 바쁘시다. 그는 건강이 그다지 좋지 않다. 장 선생님의 아내는 의사이다. 그녀는 건강하고, 일이 매우 바쁘다.

06 당신의 생일은 몇 월 며칠입니까?

회화로 배우기

① 오늘은 며칠인가요?

메리	오늘 며칠이지?
데이비드	오늘은 8일이야.
메리	오늘 목요일이야?
데이비드	오늘은 목요일이 아니야. 어제가 목요일이었어.
메리	내일은 토요일이구나. 저녁에 너 뭐 할 거야?
데이비드	나는 영화 볼 거야. 너는?
메리	나는 술집에 갈 거야.

② 무슨 요일인가요?

메리	너 생일이 몇 월 며칠이야?
왕란	3월 17일이야. 너는?
메리	5월 9일이야.
왕란	4일은 장리잉의 생일이야.
메리	4일이 무슨 요일이지?
왕란	일요일이야.
메리	너 그녀의 집에 갈 거니?
왕란	갈 거야. 넌?
메리	나도 가.
왕란	우리 오전에 가는 게 어때?
메리	좋아.

★ 표현으로 확장하기

응용 표현

① 오늘이 며칠이에요?
어제가 며칠이에요?
내일이 며칠이에요?
이번 주 토요일이 며칠이에요?
이번 주 일요일이 며칠이에요?

② A 저녁에 당신은 무엇을 해요?
B 나는 영화를 봅니다.
B 나는 책을 봅니다.
B 나는 음악을 듣습니다.
B 나는 텔레비전을 봅니다.
B 나는 편지를 씁니다.

③ 우리 오전에 그녀의 집에 가는 게 어때요?
우리 저녁에 술집에 가는 게 어때요?
우리 오후에 서점에 가는 게 어때요?
우리 일요일에 음악을 듣는 게 어때요?
우리 내일 물건을 사러 가는 게 어때요?

확장 회화

① A 내일은 몇 월 며칠, 무슨 요일이지?
B 내일은 11월 28일, 일요일이야.

② 이번 주 금요일은 내 친구의 생일이다. 그는 올해 스무 살이다. 오후에 나는 그를 만나러 그의 집에 갈 것이다.

★ 문제로 실력다지기

4 듣고 따라 말해 보세요.

오늘은 일요일이라 나는 공부를 하지 않는다. 오전에는 상점에 가고, 오후에는 친구를 만나러 간다. 밤에는 편지를 쓸 것이다.

07 당신의 가족은 몇 명입니까?

★ 회화로 배우기

1 가족이 몇 명이에요?

데이비드 리우징, 너희 가족은 몇 명이니?
리우징 네 명이야. 너희 집은?
데이비드 두 명이야, 어머니와 나.
리우징 너의 어머니는 어떤 일을 하시니?
데이비드 어머니는 선생님이야. 대학에서 근무하셔.

2 아버지, 어머니, 그리고 남동생이 한 명 있어요

이성일 가즈코, 너희 가족은 누구누구 있니?
가즈코 아버지, 어머니 그리고 남동생이 한 명 있어.
이성일 남동생은 학생이야?
가즈코 응. 그는 영어를 공부해.
이성일 너희 어머니는 일하시니?
가즈코 일 안 하셔.

3 언니는 은행에서 일해요

왕란 너희 가족은 누구누구 있니?
메리 아버지, 어머니 그리고 언니가 있어.
왕란 너희 언니는 일하니?
메리 일해. 은행에서 일하는 직원이야. 너희 오빠는 어떤 일을 하시니?
왕란 그는 의사야.
메리 결혼했어?
왕란 결혼했어. 오빠의 아내는 간호사야.
메리 그들은 아이가 있니?
왕란 없어.

★ 표현으로 확장하기

응용 표현

① 그는 영어를 공부한다.
그는 중국어를 공부한다.
그는 일본어를 공부한다.
그는 한국어를 공부한다.

② 그녀는 은행에서 일한다.
그녀는 교실에서 수업한다.

그녀는 기숙사에서 인터넷을 한다.
그녀는 집에서 텔레비전을 본다.

③ 그들은 아이가 있습니까?
당신은 누나(언니)가 있습니까?
그는 여동생이 있습니까?
당신은 영어책이 있습니까?
그는 중국어책이 있습니까?
당신은 컴퓨터가 있습니까?
그는 휴대전화가 있습니까?

확장 회화

① 나는 베이징어언대학에서 공부한다.
② 오늘은 중국어 수업이 있고, 내일은 수업이 없다.
③ 수업이 끝났으니 나는 기숙사에 돌아가 쉴 것이다.

문제로 실력다지기

4 듣고 따라 말해 보세요.

샤오밍은 다섯 살이다. 그는 형이 한 명 있는데, 형은 학생이다. 아버지, 어머니는 모두 일을 하신다. 샤오밍은 가족이 다섯 명이라고 한다. 그러면 한 명은 누구일까? 그의 고양이이다.

08 지금 몇 시입니까?

회화로 배우기

① 지금 7시 25분이에요

메리 지금 몇 시야?
왕란 지금 7시 25분이야.
메리 너 몇 시 수업이야?
왕란 8시.
메리 교실에 언제 가?
왕란 8시 15분 전에 가.
메리 지금 교실에 가는 거야?
왕란 아니, 나 밥 먹으러 가.

② 몇 시에 일어나요?

리우징 내일 만리장성에 가는 게 어때?
데이비드 좋아, 언제 갈까?
리우징 아침 7시.
데이비드 너무 이르잖아. 7시 반에 가자. 넌 몇 시에 일어나니?
리우징 6시 반. 너는?
데이비드 나도 6시 반에 일어나.

표현으로 확장하기

응용 표현

① A 지금 몇 시입니까?
B 지금 7시 25분입니다.
B 지금 10시 15분입니다.
B 지금 3시 45분입니다.
B 지금 11시 35분입니다.
B 지금 12시 10분입니다.
B 지금 2시 30분입니다.
B 지금 8시 15분입니다.
B 지금 2시 55분입니다.
B 지금 5시 20분입니다.

② A 당신은 언제 교실에 갑니까?
B 8시 15분 전에 갑니다.
A 당신은 언제 교실에 옵니까?
B 2시에 옵니다.
A 당신은 언제 내 기숙사에 옵니까?
B 4시에 옵니다.
A 당신은 언제 식당에 갑니까?
B 11시 55분에 갑니다.
A 당신은 언제 상하이에 갑니까?
B 7월 28일에 갑니다.
A 당신은 언제 일본에 갑니까?
B 1월 25일에 갑니다.

③ 나는 밥을 먹으러 갑니다.
나는 꽃을 사러 갑니다.
나는 음악을 들으러 갑니다.
나는 테니스를 치러 갑니다.
나는 영화를 보러 갑니다.
나는 물을 사러 갑니다.
나는 잠을 자러 갑니다.

확장 회화

① 지금은 2시 5분이다. 나는 데이비드의 기숙사에 그를 보러 간다.

② 아침 7시 15분에 아침밥을 먹는다.

★ 문제로 실력다지기

5 듣고 따라 말해 보세요.

오늘은 토요일이라서 우리는 수업이 없다. 샤오왕이 밤에 괜찮은 영화가 있으니 함께 보러 가자고 했다. 나는 매우 기뻤다.

오후 6시에 나는 식당에 가서 밥을 먹고, 6시 반에 샤오왕의 기숙사에 갔다. 7시에 우리는 영화를 보러 갔다.

09 당신은 어디에 삽니까?

★ 회화로 배우기

① 어디에 살아요?

리우징 너는 어디 사니?
데이비드 나는 유학생 기숙사에 살아.
리우징 몇 동이야?
데이비드 9동이야.
리우징 몇 호실이야?
데이비드 308호실이야. 너희 집은 어디에 있니?
리우징 우리 집은 쉬에위안루 25호에 있어. 놀러 와.
데이비드 고마워!

② 나는 몰라요

이성일 장리잉의 집은 어디에 있니?
메리 몰라. 왕란이 알 거야. 그녀는 자주 가거든.
이성일 그래, 그녀에게 물어볼게.

③ 우리 함께 가요

이성일 왕란, 장리잉의 집은 어디에 있니?
왕란 칭화대학 옆이야. 그녀의 집에 가려고?
이성일 응, 내일 그녀의 집에 갈 거야.
왕란 넌 길을 잘 모를 테니까 우리 같이 가자.
이성일 그럼 정말 좋지!

★ 표현으로 확장하기

응용 표현

① A 당신은 어디에 살아요?
B 나는 유학생 기숙사에 살아요.
B 나는 9동 308호에 살아요.
B 나는 5동 204호에 살아요.
B 나는 상하이에 살아요.
B 나는 베이징호텔에 묵어요.

② 당신이 놀러 오는 것을 환영합니다.
당신이 우리 집에 놀러 오는 것을 환영합니다.
당신이 베이징에 일하러 오는 것을 환영합니다.
당신이 어언대학에 공부하러 오는 것을 환영합니다.

③ 그녀는 자주 장리잉의 집에 간다.
그녀는 자주 그 공원에 간다.
그녀는 자주 그 우체국에 간다.
그녀는 자주 유학생 기숙사에 간다.
그녀는 자주 그들의 학교에 간다.

확장 회화

A 너 어디에 가니?
B 우표 사러 우체국에 가. 너 왕 선생님이 어디에 묵으시는지 아니?
A 호텔 2층 234호실에 묵고 계셔.

10 우체국이 어디에 있습니까?

★ 회화로 배우기

① 우체국 옆에 있어요

A 말씀 좀 여쭙겠습니다. 8동이 어디에 있어요?
이성일 우체국 옆에 있어요.
A 8동에 가려면 어떻게 가나요?
이성일 보세요, 저 건물이 바로 8동이에요.

② 그다지 멀지 않아요

가즈코 말씀 좀 여쭐게요. 우체국이 어디에 있어요?
B 앞으로 쭉 가면 바로 우체국이에요.
가즈코 여기에서 멀어요?
B 그다지 멀지 않아요. 바로 은행 앞에 있어요.

③ 어떻게 갈 거예요?

메리 말씀 좀 여쭐게요. 백화점이 어디에 있어요?
C 왕푸징에 있어요.
메리 톈안먼에서 먼가요?
C 멀지 않아요. 어떻게 가시려고요?
메리 버스를 타고 가려고요. 실례지만 어디에서 차를 타요?
C 바로 저기에서요.
메리 감사합니다!

표현으로 확장하기

응용 표현

① A 8동은 어디에 있어요?
B 우체국 옆에 있어요.
B 유학생 식당 서쪽에 있어요.
B 그 건물 남쪽에 있어요.
B 그의 기숙사 북쪽에 있어요.
B 운동장 동쪽에 있어요.

② 우체국은 여기에서 멀어요?
그의 집은 베이징어언대학에서 멀어요?
베이징호텔은 여기에서 멀어요?
식당은 기숙사에서 멀어요?

③ 어디에서 차를 타요?
어디에서 중국어를 공부해요?
어디에서 일해요?
어디에서 밥을 먹어요?
어디에서 쉬어요?
어디에서 컴퓨터를 사요?

확장 회화

그의 아버지는 상점에서 일한다. 그 상점은 그의 집에서 매우 가깝다. 그의 아버지는 아침 7시 반에 일하러 가서, 오후 5시 반에 집에 돌아온다.

문제로 실력다지기

4 듣고 따라 말해 보세요.

우체국은 은행에서 멀지 않다. 나는 자주 그곳에 가서 우표도 사고 편지도 부친다. 서점은 은행 옆에 있다. 그 서점은 매우 크고 책도 많아서, 나는 자주 책을 사러 그곳에 간다.

복습 2

06·07·08·09·10

상황회화

① 그곳을 알아요?

왕 샤오웨이, 우리 언제 샤오리의 집에 갈까?
웨이 일요일이 어때?
왕 좋아. 그의 집은 상하이호텔 옆이지?
웨이 샤오리의 집은 이사해서 지금은 중화루 38호에 있어. 너 그곳 알아?
왕 몰라. 샤오마에게 물어보자.

② 여기에서 멀어요?

웨이 샤오마, 중화루가 어디에 있어? 너 알고 있니?
마 중화루는 우리 할머니 댁에서 가까워. 너희는 거기에 뭐하러 가는데?
왕 친구를 만나려고. 거기가 여기에서 머니?
마 그리 멀지 않아. 일요일에 할머니 댁에 갈 거니까 나랑 같이 가자.

③ 우리는 안 갈래요

왕 샤오마, 너희 할머니는 너희와 함께 살지 않으시니?
마 함께 살지 않아. 할머니 혼자 사시고, 나랑 아버지, 어머니는 자주 할머니를 뵈러 가.
웨이 할머니는 건강하시고?
마 아주 건강하셔. 올해 연세가 67세이셔. 이 앞이 할머니 댁인데, 잠깐 들렀다 가.
왕 열 시잖아. 우리는 안 갈게.
마 잘 가!
웨이, 왕 잘 가!

단문독해

장리잉의 가족은 4명이다. 아버지, 어머니, 언니 그리고 그녀가 있다.

그녀의 아버지는 의사이다. 57세이며 매우 건강하시다. 아버지는 일이 매우 바빠서 일요일에도 종종 쉬지 못하신다.

그녀의 어머니는 은행 직원이고, 올해 55세이다.

그녀의 언니는 선생님이다. 올해 2월에 결혼했다. 언니는 부모님의 집에서 살지 않는다.

어제는 금요일이었는데, 오후에 수업이 없었다. 우리는 그녀의 집에 갔다. 그녀의 집은 베이징호텔 옆에 있다.

우리가 그녀의 집에 갔을 때, 그녀의 아버지와 어머니는 집에 계시지 않았다. 우리와 그녀는 함께 얘기도 하고 음악도 듣고 텔레비전도 보고…….

5시 반이 되자 장리잉의 아버지, 어머니가 집에 돌아오셨다. 그녀의 언니도 왔다. 우리는 그녀의 집에서 저녁을 먹고, 저녁 8시 반에 학교로 돌아왔다.

11 나는 귤을 사려고 합니다

회화로 배우기

① 한 근에 얼마예요?

판매원 뭐 드릴까요?
데이비드 사과를 사려고요. 한 근에 얼마예요?
판매원 7위안 5마오입니다.
데이비드 저건요?
판매원 9위안 3마오입니다.
데이비드 이걸로 주세요.
판매원 얼마나 드릴까요?
데이비드 두 근 주세요.
판매원 더 필요한 거 있으세요?
데이비드 없습니다.

② 너무 비싸요

판매원 무엇을 사시겠어요?
메리 귤을 사려고요. 한 근에 얼마예요?
판매원 6위안 8마오입니다.
메리 너무 비싸네요.
판매원 저쪽 건 싸요.
메리 좋은 거예요?
판매원 맛 좀 보세요.
메리 좋네요. 4개 주세요.
판매원 한 근 반이라서, 8위안 5마오입니다. 더 사실 거 있으세요?
메리 없습니다.

표현으로 확장하기

응용 표현

① A 무엇을 원하세요?
B 나는 사과를 원합니다.
A 무엇을 보세요?
B 나는 중국어책을 봅니다.
A 무엇을 마셔요?
B 나는 콜라를 마십니다.
A 무엇을 들어요?
B 나는 녹음을 듣습니다.
A 무엇을 공부하세요?
B 나는 중국어를 공부합니다.

② 맛 좀 보세요.
봐 보세요.
들어 보세요.
물어보세요.

③ 나는 귤을 사려고 합니다.
나는 텔레비전을 보려고 합니다.
나는 사과를 먹으려고 합니다.
나는 물을 마시려고 합니다.
나는 인터넷을 하려고 합니다.
나는 이메일을 보내려고 합니다.

확장 회화

① 나는 자주 백화점에 가서 물건을 산다. 그곳에는 물건이 많고 가격도 싸다.

② A 무엇을 마시겠습니까?
B 콜라 있나요?
A 있습니다.
B 두 병 주세요.

문제로 실력다지기

5 듣고 따라 말해 보세요.

나는 중국어책을 사려고 하는데, 어디 가서 사야 할지 모르겠다. 오늘 왕란에게 물었더니, 신화서점에 있고, 그곳에는 중국어책이 아주 많다고 했다. 나는 내일 오후에 한번 가 볼 것이다.

12 나는 스웨터를 사고 싶습니다

회화로 배우기

① 스웨터를 사고 싶어요

데이비드 날씨가 추워졌네. 스웨터를 한 벌 사야겠어.
메리 나도 물건을 사야 하는데. 우리 언제 갈까?
데이비드 일요일에 가는 게 어때?
메리 일요일에는 사람이 너무 많잖아.
데이비드 그럼 내일 오후에 가자.

② 이 옷은 너무 짧아요

데이비드 아가씨, 저 스웨터 좀 볼게요.
판매원 네.
데이비드 입어 봐도 될까요?
판매원 입어 보세요.
메리 이건 너무 짧네요.
판매원 저걸로 입어 보세요.
데이비드 그러죠, 다시 입어 볼게요.
메리 이건 딱 맞네.
데이비드 아주 좋은데. 나 이걸로 살래.

표현으로 확장하기

응용 표현

① 나는 스웨터를 사고 싶어요.
나는 중국어를 배우고 싶어요.
나는 영화를 보고 싶어요.
나는 문자메시지를 보내고 싶어요.
나는 물을 마시고 싶어요.

② 저 스웨터를 좀 볼게요.
그 새 단어를 좀 써 볼게요.
저 옷을 좀 입어 볼게요.
저 귤을 좀 맛볼게요.

③ 이 스웨터는 크지도 않고, 작지도 않다.
이 옷은 길지도 않고, 짧지도 않다.
이 새 단어는 많지도 않고, 적지도 않다.

확장 회화

① 오늘은 업무가 많아서 나는 너무 피곤하다.
② 저 영화는 별로 좋지 않아서 나는 보고 싶지 않다.
③ 베이징에 대해 소개 좀 해 주세요.

문제로 실력다지기

5 듣고 따라 말해 보세요.

A 이것은 장리잉이 산 스웨터야. 그녀가 입으면 너무 작고, 내가 입으면 너무 커. 네가 입어 보는 게 어때?
B 길지도 않고 짧지도 않고, 정말 좋네. 얼마야?
A 몰라. 그다지 비싸지 않아.
B 우리 가서 리잉에게 물어보자
A 그녀는 지금 없어. 오후에 다시 물어보러 가자.

13 차를 갈아타야 합니다

회화로 배우기

① 이 버스는 톈안먼에 가나요?

메리 말씀 좀 여쭙겠습니다. 이 버스는 톈안먼에 가나요?
매표원 갑니다. 타세요.
데이비드 표 두 장 살게요. 한 장에 얼마에요?
매표원 2위안입니다.
데이비드 5위안 드릴게요.
매표원 1위안 거슬러 드릴게요.
메리 말씀 좀 여쭐게요. 톈안먼까지 몇 정거장 남았어요?
A 세 정거장이요. 당신들 중국어를 할 줄 알아요?

데이비드 조금 할 줄 알아요.
메리 제가 중국어로 하는 말을 알아들을 수 있으세요?
A 네. 당신들은 어느 나라 사람이에요?
데이비드 저는 프랑스인이에요.
메리 저는 미국인이에요.
매표원 톈안먼에 도착했습니다. 내리세요.

② 331번 버스로 갈아타세요

데이비드 표 한 장 주세요.
매표원 어디 가세요?
데이비드 어언대학에 가요. 버스를 갈아타야 하나요?
매표원 갈아타야 해요.
데이비드 어디에서 갈아타요?
매표원 베이징사범대학에서요.
데이비드 몇 번 버스로 갈아타야 하죠?
매표원 331번으로 갈아타세요.
데이비드 표 한 장에 얼마예요?
매표원 2위안입니다.
데이비드 감사합니다!
매표원 천만에요.

표현으로 확장하기

응용 표현

① 표 두 장을 사다.
콜라 두 잔을 사다.
지도 두 장을 사다.
귤 두 근을 사다.
사과 두 개를 사다.

② 당신에게 5위안을 줄게요.
그에게 책 다섯 권을 줄게요.
나에게 노트 다섯 권을 주세요.
당신에게 음료 다섯 잔을 줄게요.
당신에게 귤 다섯 개를 줄게요.

③ A 당신은 어느 나라 사람입니까?
B 나는 프랑스인입니다.
B 나는 중국인입니다.
B 나는 미국인입니다.
B 나는 한국인입니다.
B 나는 영국인입니다.
B 나는 일본인입니다.
B 나는 인도네시아인입니다.

확장 회화

A 당신들은 영어를 할 줄 압니까?
B 그는 조금 할 줄 알고, 나는 할 줄 모릅니다.

문제로 실력다지기

5 듣고 따라 말해 보세요.

나는 중국 친구를 한 명 아는데, 그는 베이징대학에서 공부한다. 어제 나는 그를 보러 가려고 리우징에게 베이징대학에 가려면 어떻게 가는지 물었다. 리우징은 베이징대학은 여기에서 매우 가깝고, 375번 버스를 타면 갈 수 있다고 했다. 나는 375번 버스를 타러 갔다.

375번 버스 정류장은 바로 앞에 있었다. 차가 와서, 나는 매표원에게 베이징대학에 가는지 물었다. 매표원이 간다고 해서 매우 기뻤고, 바로 버스를 탔다.

14 나는 환전하러 가려고 합니다

회화로 배우기

① 돈을 다 썼어요

메리 돈을 다 써서 이제 돈이 없어. 나 환전하러 가야겠어.
데이비드 듣자 하니 호텔에서 환전할 수 있다고 하던데.
메리 우리 가서 물어보자.

② 한번 세어 보세요

메리 말씀 좀 여쭐게요. 여기에서 환전할 수 있나요?
직원 할 수 있습니다. 어느 나라 돈을 가지고 계시죠?
메리 미국 달러인데요.
직원 얼마나 바꾸실 거에요?
메리 500달러요. 1달러가 런민비로 얼마나 되죠?
직원 6위안 1마오 9펀입니다. 여기에 금액을 써 주시고, 여기에 이름을 써 주세요.

메리	이렇게 쓰면 되나요?
직원	맞습니다. 여기 있습니다. 한번 세어 보세요.
메리	감사합니다!
데이비드	늦었다. 빨리 가자!

★ 표현으로 확장하기

○ 응용 표현

① 듣자 하니 호텔에서 환전할 수 있다고 한다.
듣자 하니 그가 귀국했다고 한다.
듣자 하니 데이비드는 중국어를 할 줄 안다고 한다.
듣자 하니 샤오왕은 영어를 조금 할 줄 안다고 한다.

② 금액을 써 주세요.
전화번호를 물어봐 주세요
새 단어를 읽어 주세요
이 한자를 써 주세요.
메리를 기다려 주세요.

③ 우리 빨리 가요!
빨리 오세요!
당신들 빨리 가세요!
우리 빨리 먹어요!
메리 빨리 쓰렴!

○ 확장 회화

① 시간이 없으니, 그를 기다리지 맙시다.
② 이것은 그의 편지입니다. 그에게 전해 주세요.

★ 문제로 실력다지기

5 듣고 따라 말해 보세요.

가즈코는 환전을 하고 싶었다. 그녀는 학교 은행에서 환전할 수 있다는 말을 듣고 (그곳에) 갔다. 은행원은 그녀에게 어떤 돈을 가져왔으며, 얼마를 바꿀지 물었다. 또 금액과 이름을 쓰라고 해서, 가즈코는 모두 썼다. 환전하려 할 때, 가즈코가 은행원에게 말했다. "미안합니다, 돈을 깜박 잊고 안 가져왔어요."

15 나는 사진을 찍으려고 합니다

★ 회화로 배우기

① 엽서 있어요?

[우체국에서]

가즈코	엽서 있어요?
판매원	있어요. 이건 새로 나온 거예요.
가즈코	예쁜 것이 더 있나요?
판매원	한번 보세요. 이런 종류는 어떠세요?
가즈코	저를 도와 몇 가지 골라 주시겠어요?
판매원	제가 보기에 이 네 가지가 좋은 것 같아요.
가즈코	그럼 종류별로 한 세트씩 살게요.
판매원	더 사실 거 있으세요?
가즈코	없어요.

② 내가 전화를 걸게요

가즈코	이 공원 꽤 좋은걸.
장리잉	저 꽃 정말 예쁘다. 사진 찍어야지.
가즈코	메리한테 전화해서 오라고 하자.
장리잉	이런, 휴대전화 배터리가 없네.
가즈코	내가 전화를 걸게.
장리잉	그래. 난 음료수 좀 사러 갈게.
	......
장리잉	전화 통화했어?
가즈코	통화가 안 됐어. 그 애 휴대전화가 꺼져 있어.

★ 표현으로 확장하기

○ 응용 표현

① 이것은 새로 나온 엽서입니다.
이것은 새로 산 카메라입니다.
이것은 새로 산 컴퓨터입니다.
이것은 새로 만든 옷입니다.
이쪽은 새로 오신 선생님입니다.

② 나를 도와 엽서 몇 가지를 골라 주세요.
나를 도와 전화 요금 몇 위안을 내 주세요.
나를 도와 책 몇 권을 찾아 주세요.
나를 도와 스웨터 몇 벌을 입어 봐 주세요.
나를 도와 물건 몇 개를 들어 주세요.

③ 당신은 전화 통화를 했습니까?
당신은 밥을 다 먹었습니까?
당신은 그 책을 다 봤습니까?
당신은 메리를 찾았습니까?
당신은 컴퓨터를 샀습니까?

확장 회화

① 나는 그에게 이메일을 보낸다.
② 나는 도쿄의 친구에게 전화를 걸었다. 내가 중국어로 말하자 그는 알아듣지 못했고, 영어로 말하니까 알아들었다.

문제로 실력다지기

5 듣고 따라 말해 보세요.

이 카메라는 데이비드가 새로 산 것이다. 어제 베이징대학의 중국 학생 두 명이 놀러 와서, 우리는 함께 사진을 찍었다. 베이징대학의 친구가 우리에게 일요일에 놀러 오라고 했다. 그들은 베이징대학 동문에서 우리를 기다릴 것이고, 우리는 갈 때 먼저 그들에게 전화할 것이다.

복습 3

11·12·13·14·15

상황회화

① 우리는 당신을 만나러 왔어요

리 누구세요?
왕 샤오리, 안녕!
웨이 우리 널 만나러 왔어.
리 너희들이구나! 어서 들어와! …… 앉아서 차 좀 마셔.
왕, 웨이 고마워!
리 너희들 여기를 어떻게 찾아왔어?
왕 샤오마가 우리를 데려다줬어.
웨이 샤오마의 할머니 댁이 여기에서 가깝거든. 걔가 할머니 댁에 간다고 해서 함께 왔어.
리 너희 걷느라 피곤하지?
왕 안 피곤해. 차에서 내리자마자 바로 이 건물을 찾았거든.
웨이 너희 집은 네가 일하는 곳에서 멀지?
리 멀지 않아. 18번 버스를 타면 바로 도착해. 공부하느라 바쁘지?
왕 바빠. 매일 수업이 있고, 숙제도 많거든.
웨이 오늘은 어떻게 집에 너 혼자 있어? 아버지와 어머니는?
리 아버지, 어머니의 친구 한 분이 미국에 가신다고 해서, 오늘 그 친구분을 만나러 가셨어.
왕 아, 열한 시 반이다. 우리 식당에 밥 먹으러 가자.
리 식당에 가서 밥을 먹으려면 오래 기다려야 하고, 가격도 비싸니까 우리 집에서 먹자. 내가 제일 잘하는 요리를 너희에게 맛보여 줄게.
왕, 웨이 널 귀찮게 하는구나!

단문독해

나는 데이비드와 일요일에 함께 옷을 사러 가기로 했다.

일요일에 나는 아주 일찍 일어났다. 우리 집에서 상점은 그리 멀지 않다. 9시 반에 차를 타서, 10시에 도착했다. 물건을 사는 사람이 매우 많았다. 나는 상점 앞에서 데이비드를 기다렸다. 10시 반이 되었는데도 데이비드가 오지 않아서, 나는 먼저 들어갔다.

그 상점은 매우 크고, 물건도 아주 많았다. 나는 스웨터를 사고 싶었는데, 점원이 2층에 있다고 해서 2층으로 올라갔다.

이곳의 스웨터는 아주 예뻤지만, 매우 비쌌다. 나에게 딱 맞는 스웨터 한 벌이 있었다. 내가 돈을 내러 가는데, 데이비드가 왔다. 그는 "차를 타는 사람이 너무 많아서 늦었어. 정말 미안해."라고 했다. 나는 "괜찮아."라고 말했다. 우리는 함께 다른 옷을 보러 갔다.

16 당신은 경극을 본 적이 있습니까?

★ 회화로 배우기

① 내일 표를 사러 갈게요

메리 너 경극을 본 적 있니?
데이비드 본 적 없어.
메리 듣자 하니 아주 재미있대.
데이비드 난 굉장히 보고 싶은데, 너는?
메리 나도 꼭 보고 싶어. 어디에서 공연하는지 아니?
데이비드 런민극장에서 상시 공연이래.
메리 그럼 우리 토요일에 보러 가자, 어때?
데이비드 물론 좋지. 내일 내가 표를 사러 갈게.
메리 표를 산 후에 나에게 알려 줘.
데이비드 알았어.

② 먹어 본 적 없어요

가즈코 듣자 하니 오리구이가 베이징의 유명 요리라고 하던데.
메리 난 아직도 못 먹어 봤어!
가즈코 우리 꼭 가서 먹어 보자.
메리 28일 저녁에 난 시간이 괜찮은데, 너는?
가즈코 안 돼. 친구가 나를 만나러 오기로 했어.
메리 30일 저녁은 어때?
가즈코 괜찮아.

★ 표현으로 확장하기

○ 응용 표현

① 당신은 경극을 본 적이 있습니까?
당신은 만리장성에 가 본 적이 있습니까?
당신은 이런 술을 마셔 본 적이 있습니까?
당신은 저런 차를 마셔 본 적이 있습니까?
당신은 저 공원에 가 본 적이 있습니까?
당신은 저런 요리를 먹어 본 적이 있습니까?
당신은 가격을 물어본 적이 있습니까?

② 우리는 오리고기를 맛보러 꼭 가야 해요.
우리는 경극을 보러 꼭 가야 해요.
우리는 선생님께 물어보러 꼭 가야 해요.
우리는 음악을 들으러 꼭 가야 해요.
우리는 그들을 찾으러 꼭 가야 해요.

③ 표를 산 후에 나에게 알려 주세요.
편지를 받은 후에 나에게 알려 주세요.
사전을 산 후에 나에게 알려 주세요.
메리를 본 후에 나에게 알려 주세요.
커피를 산 후에 나에게 알려 주세요.

○ 확장 회화

① 메리야, 빨리 와 봐, 어떤 사람이 널 찾아.

② A 서커스 볼래?
B 안 볼래. 어제 숙제를 아직 안 했거든.

★ 문제로 실력다지기

5 듣고 따라 말해 보세요.

전에 나는 중국서커스를 본 적이 없었는데, 어제 저녁에 보았다. 중국서커스는 매우 재미있었고, 앞으로도 더 보고 싶었다.

나는 또 중국요리를 먹어 본 적이 없다. 샤오왕은 자신이 중국요리를 잘 만든다면서, 토요일에 나를 식사에 초대했다.

17 동물원에 갑니다

★ 회화로 배우기

① 우리 놀러 가요

장리잉 요즘 날씨가 참 좋다. 우리 놀러 가자.
가즈코 어디로 놀러 가는 게 좋을까?
장리잉 베이하이 공원에 가서 꽃구경도 하고, 뱃놀이도 하면 정말 좋겠다!
가즈코 난 지난주에 가 봤어. 다른 곳에 가자.
장리잉 동물원에 가는 건 어때?
가즈코 좋아. 판다도 볼 수 있잖아.
장리잉 우리 어떻게 갈까?
가즈코 자전거를 타고 가자.

② 내가 당신과 함께 갈게요

가즈코 너 이성일 아니?

리우징 당연히 알지. 작년에 그가 여기에서 중국어를 배웠거든.
가즈코 알고 있어? 그가 내일 베이징에 온대.
리우징 몰랐어. 오전에 도착해, 아니면 오후에 도착해?
가즈코 오후 2시. 나는 공항으로 그를 마중 나갈 거야.
리우징 내일 오후에 수업이 없으니까 나도 너와 같이 갈게.
가즈코 좋아.
리우징 언제 갈까?
가즈코 1시에 가자.

★ 표현으로 확장하기

응용 표현

① 요즘 날씨가 매우 좋습니다.
요즘 나는 괜찮습니다.
요즘 그는 바쁩니다.
요즘 샤오왕은 건강이 좋지 않습니다.
요 며칠 그들은 시험이 있습니다.
요즘 지하철을 타는 사람이 매우 많습니다.

② 꽃구경도 하고, 뱃놀이도 하면 얼마나 좋을까!
꽃구경도 하고, 뱃놀이도 하면 얼마나 재미있을까!
꽃구경도 하고, 뱃놀이도 하면 얼마나 즐거울까!

③ 그는 오전에 도착합니까, 오후에 도착합니까?
그는 오늘 도착합니까, 내일 도착합니까?
그는 다음 주에 도착합니까, 이번 주에 도착합니까?
그는 아침 8시에 도착합니까, 저녁 8시에 도착합니까?

확장 회화

① A 메리는 어디에 있어?
B 위층에 있어. 네가 올라가서 찾아 봐.

② A 동물원에 가려면 어느 길이 가깝습니까?
B 이 길이 가장 가깝습니다.

★ 문제로 실력다지기

4 듣고 따라 말해 보세요.

왕란이 나에게 우리 학교에서 멀지 않은 곳에 과수원이 하나 있다고 했다. 그 과수원에는 과일이 아주 많은데 볼 수도 있고, 먹을 수도 있고, 살 수도 있다. 우리는 꼭 가 봐야 한다. 우리는 일요일에 가려고 한다. 자전거를 타고 갈 것이다.

18 오시느라 고생하셨습니다

★ 회화로 배우기

① 비행기가 곧 이륙합니다

가즈코 도쿄발 비행기가 도착했나요?
안내원 아직 도착하지 않았습니다.
가즈코 왜요?
안내원 연착되었어요. 비행기는 지금 상하이에 있습니다.
가즈코 이륙했어요?
안내원 곧 이륙할 겁니다.
가즈코 언제쯤 도착할 수 있어요?
안내원 아마 3시 반경 도착할 겁니다.
가즈코 리우징, 우리 우선 가서 커피 좀 마시고, 잠시 후에 여기로 오자.

② 마중 나와 주셔서 감사해요

가즈코 봐, 이성일이 왔어.
리우징 안녕! 오느라 고생했어.
이성일 안녕! 리우징, 내가 오는 거 어떻게 알았어?
리우징 가즈코가 알려 줬어.
이성일 마중 나와 줘서 고마워.
가즈코 우리 나가자!
이성일 잠깐만, 무역회사 사람이 마중 나오기로 했거든.
리우징 그래, 우리는 여기서 기다릴게.

표현으로 확장하기

응용 표현

① 곧 이륙합니다.
곧 수업합니다.
곧 시험을 봅니다.
곧 운전합니다.
곧 졸업합니다.

② 우리 우선 가서 커피 좀 마시고, 잠시 후에 여기로 오자.
우리 우선 가서 환전을 좀 하고 잠시 후에 음료수를 사자.
우리 우선 가서 뭘 좀 먹고 잠시 후에 사진을 찍자.
우리 우선 가서 맥주 좀 마시고 잠시 후에 영화를 보자.

③ 가즈코가 내게 알려 준 거야.
리우징이 왕란에게 알려 준 거야.
메리가 데이비드에게 알려 준 거야.

확장 회화

① A 그는 어떻게 왔니?
B 그는 택시를 타고 왔어.

② 기차가 곧 출발합니다, 빨리 타세요.

문제로 실력다지기

4 듣고 따라 말해 보세요.

나는 프랑스에서 왔고, 비행기를 타고 왔다. 나는 베이징어언대학에서 중국어를 배운다. 프랑스에서는 중국어를 배워 본 적이 없어서, 중국어를 할 줄 모르고, 한자를 쓸 줄도 몰랐다. 지금은 조금 말할 줄 알게 되어서 너무 기쁘다. 나는 마땅히 우리 선생님께 감사드려야 한다.

19 환영합니다

회화로 배우기

① 오시느라 고생하셨습니다

왕 안녕하십니까! 이 선생님. 저는 회사의 통역사인 왕따니엔이라고 합니다.
이 마중 나와 주셔서 감사합니다.
왕 천만에요. 오시느라 고생하셨습니다. 피곤하시죠?
이 조금도 피곤하지 않습니다. 매우 순조로웠습니다.
왕 차는 바깥에 있습니다. 저희가 호텔까지 모셔다 드리겠습니다.
이 제 친구 두 명이 같이 있는데요.
왕 그럼 함께 가시죠.
이 감사합니다!

② 우리가 모시러 갈게요

사장 환영합니다! 이 선생님.
이 감사합니다!
사장 중국에는 처음 오신 거죠?
이 아닙니다. 이전에 두 번 온 적이 있습니다. 이것은 저희 사장님께서 드리는 편지입니다.
사장 수고하셨습니다.
이 사장님께서 안부를 전해 달라고 하셨습니다.
사장 감사합니다. 오늘 베이징호텔에서 저녁 식사를 대접하겠습니다.
이 너무 신경 써주시니 몸 둘 바를 모르겠습니다.
사장 시간이 괜찮으십니까?
이 오후에는 친구에게 갈 거고, 저녁에는 특별한 일이 없습니다.
사장 저희가 모시러 가겠습니다.
이 괜찮습니다. 그곳에서 택시를 타고 가면 됩니다.

표현으로 확장하기

응용 표현

① 조금도 피곤하지 않다.
조금도 덥지 않다.
조금도 느리지 않다.

어떤 것도 사지 않았다.
1분도 쉬지 않았다.

② 이것은 저희 사장님이 당신에게 드리는 편지입니다.
이것은 우리 누나(언니)가 나에게 준 펜입니다.
이것은 그의 형(오빠)이 당신에게 준 꽃입니다.
이것은 내 친구가 나에게 준 엽서입니다.

③ A 당신은 중국에 처음 왔어요?
B 아니요. 전에 두 번 와 본 적 있어요.
A 당신은 오리구이를 처음 먹어 봤어요?
B 아니요. 전에 두 번 먹어 본 적 있어요.
A 당신은 경극을 처음 봤어요?
B 아니요. 전에 두 번 본 적 있어요.
A 당신은 우리 학교에 처음 와 봤어요?
B 아니요. 전에 두 번 와 본 적 있어요.

확장 회화

① 이번에 베이징에 오는 길은 매우 순조로웠습니다.
② 내가 당신에게 부친 편지를 받았습니까?
③ 내가 중국에 왔을 때 중국어를 한마디도 할 줄 몰랐다.

★ 문제로 실력다지기

6 듣고 따라 말해 보세요.

지난주 금요일에 나는 따퉁에 갔다. 기차를 타고 갔는데, 오늘 아침에 돌아왔다. 처음 따퉁에 간 것인데, 그곳이 너무 마음에 든다.

베이징에서 따퉁은 매우 가깝다. 기차를 타고 가면 대략 7시간 정도 걸린다. 지금 가면 날씨가 춥지도 덥지도 않다. 다음 주에 당신도 가 봐라.

20 우리의 우정을 위해 건배합시다!

★ 회화로 배우기

① 건배합시다!

통역사 이 선생님, 여기 앉으세요.
이 감사합니다!
사장 요 며칠 어떻게 지냈습니까?
이 즐겁게 지냈습니다.
통역사 어떤 술을 좋아하세요?
이 맥주로 하겠습니다.
사장 이 요리 어떤지 한번 드셔 보세요.
이 정말 맛있네요.
사장 사양 말고 드십시오.
이 그럼 잘 먹겠습니다.
사장 자, 우리의 우정을 위해 건배합시다!
이 모두의 건강을 위해 건배합시다!
통역사 건배!

② 천천히 드세요

리우징 우리 술 먼저 마시자.
이성일 이 생선요리 정말 맛있다.
리우징 엄마 집에서처럼 편히 먹어요.
이성일 잘 먹겠습니다.
리우징 엄마 만두 좀 먹어요.
가즈코 전 만두를 제일 좋아해요.
리우징 너 일본요리를 아주 잘한다던데?
가즈코 아니야, 잘 못해.
리우징 너는 왜 안 먹어?
가즈코 난 배불러. 너희들 천천히 먹어.

★ 표현으로 확장하기

응용 표현

① 나는 즐겁게 지낸다.
우리는 잘 지낸다.
그는 말을 빨리한다.
장 선생님은 잘 쉬고 있다.
데이비드는 늦게 잔다.

② 이 생선은 정말 맛있게 요리되었다.
이 옷은 매우 깨끗하게 세탁되었다.
이 사진은 정말 잘 찍었다.
이 차는 정말 빨리 간다.

③ 나는 요리를 잘 못한다.
나는 만두를 맛있게 만들지 못한다.
나는 한자를 예쁘게 쓰지 못한다.
나는 새 단어를 빨리 번역하지 못한다.

확장 회화

① 그는 중국어를 정말 잘해서, 마치 중국인 같다.

② 당신이 말을 너무 빨리해서, 못 알아들었습니다. 좀 천천히 말해 주세요.

문제로 실력다지기

6 듣고 따라 말해 보세요.

어제 나는 몇몇 꼬마 친구들과 배를 타러 갔다. 아이들은 모두 배 타는 것을 좋아했고, 노를 아주 잘 저었다. 나는 배 위에서 무척 즐거워 아이처럼 놀았다. 이날 정말 재미있게 보냈다!

복습 4 16·17·18·19·20

상황회화

① 옛 친구를 만나서 정말 기뻐요

존　아, 샤오왕, 오느라 고생했어.
왕　힘들지 않았어. 마중 나와 줘서 고마워.
존　천만에. 네 편지 받고 네가 샌프란시스코에 온다는 거 알고 굉장히 기뻤어.
왕　옛 친구를 만나니까 정말 기쁘다. 리우샤오화랑 제니도 모두 잘 지내지?
존　모두 잘 지내. 그들은 바빠서 오늘 마중 나올 시간이 없었어.
왕　다 오랜 친구인데, 괜찮아.
존　네가 온 걸 환영하는 의미에서 토요일에 차이나호텔에서 식사를 대접하려고 해.
왕　고마워! 너희들을 번거롭게 하네.

② 당신은 옛날이랑 똑같네요

제니　샤오왕은 왜 아직 안 오지?
리우　아직 시간 안 됐어.
제니　그는 샌프란시스코에 처음 왔는데, 여길 찾을 수 있을까?
존　이 호텔은 유명하니까 찾을 수 있을 거야.
리우　아, 저기 봐. 샤오왕이 왔어!
존　샤오왕, 어서 와! 여기에 앉아.
제니　3년 동안 못 만났는데, 너 옛날이랑 똑같네.
왕　그래?
제니　여기 메뉴가 있어. 샤오왕, 너 뭐 먹고 싶니?
존　내가 알기로 샤오왕은 탕추위를 좋아했었는데, 그리고…….
왕　너희들이 그렇게까지 신경 써 주니 내가 미안하잖아.
리우　우리 술 먼저 마시자.
존　자, 우리의 우정을 위해 건배!
제니, 리우, 왕　건배!

단문독해

아리에게

안녕! 네가 베이징어언대학에 가서 공부하려고 한다는 말을 듣고, 매우 기뻤어. 너에게 그 학교를 소개해 줄게.

어언대학은 매우 크고, 유학생이 아주 많아. 중국 학생도 많고. 유학생들은 중국어를 배우고, 중국 학생들은 외국어를 배워.

학교 안에는 건물이 아주 많아. 너는 유학생 기숙사에 묵을 수 있어. 유학생 식당은 기숙사 옆에 있고, 그곳의 음식은 괜찮은 편이야.

학교 안에는 작은 우체국이 있는데, 거기서 편지를 부치고, 우표를 사고, 또 물건을 부칠 수도 있어.

학교에서 멀지 않은 곳에 상점이 하나 있는데, 거기에는 물건이 아주 많고 가격도 저렴해. 내가 어언대학에 있었을 때 항상 그곳에 가서 물건을 샀어.

너 알고 있니? 나이는 베이징대학에서 공부하고 있어. 베이징대학은 어언대학에서 아주 가까워. 시간이 나면 그곳으로 그녀를 찾아가도 돼.

나이의 오빠는 졸업했어. 그는 지난달에 영국에서 돌아왔는데, 아직 일자리를 구하지 못했어. 그가 너에게 안부를 전해 달래.

자, 그만 써야겠다. 너의 답장을 기다릴게.

즐겁게 지내!

너의 친구 소피가
2017년 8월 3일

모범답안

01

1 1) A 你好！
B 你好！
A 他好吗？
B 他很好。

2) A, B 你好！
C 你们好！

3) 玛丽 你好吗？
王兰 我很好。你好吗？
玛丽 我也很好。刘京好吗？
王兰 他也很好。我们都很好。

2 1) 大卫 玛丽，你好吗？
玛丽 我很好。你好吗？
大卫 我也很好。

2) 玛丽 王兰爸爸你好吗？
王兰爸爸 我很好。
玛丽 王兰妈妈你好吗？
王兰妈妈 我也很好。我们都很好。

3) 学生们 老师好！
老师 你们好！

02

1 1) 大卫, 玛丽 老师，您好(您早)！
老师 你们好(你们早)！

2) 大卫 刘京，你身体好吗？
刘京 我身体很好，谢谢！
大卫 王兰也好吗？
刘京 她也很好。我们都很好。

3) 王兰 妈妈，您身体好吗？
妈妈 我身体很好。
王兰 爸爸身体好吗？
妈妈 他也很好。

3 1) A 你好！
B 你好！
A 你妈妈身体好吗？
B 她身体很好，谢谢！
A 你爸爸身体好吗？
B 他也很好。

2) 学生A 你身体好吗？
学生B 我很好，谢谢。你身体好吗？
学生A 我也很好，谢谢！

…

学生 老师，您身体好吗？
老师 我很好，谢谢！你身体好吗？
学生 我也很好，谢谢您！

…

A 你们身体好吗？
B, C 我们都很好，谢谢！你身体好吗？
A 我也很好，谢谢！

…

A, B, C 你们身体好吗？
D, E, F 我们身体很好，谢谢！你们身体好吗？
A, B, C 我们也很好！

03

1 A 你身体好吗？
B 不好。你身体好吗？
A 我也不太好。

· · ·

A 你忙吗？
B 我不忙。
A 刘京忙吗？
B 他也不忙。我们都不忙。

· · ·

A 你爸爸忙吗？
B 他很忙。
A 你妈妈忙吗？
B 她也很忙，他们都很忙。

· · ·

A 你累吗？
B 我不累。
A 玛丽累吗？
B 她也不太累。我们都不累。

2 1) A 今天你来吗？
B 我今天来。
A 明天呢？
B 明天我也来。

2) A 今天你累吗？
B 我不太累。你呢？
A 我也不累。
B 明天你来吗？
A 明天我不来。

3) A 你爸爸忙吗？
B 他很忙。
A 你妈妈呢？
B 她也很忙。我爸爸、妈妈都很忙。

3 1) 我身体很好。
2) 我很忙。
3) 今天我不累。
4) 明天我来。
5) 我爸爸(妈妈、哥哥、姐姐)身体很好。
6) 他们都很忙。

04

1 1) A 大夫，您贵姓？
B 我姓张。
A 那个大夫姓什么？
B 他姓李。

2) A 她是你妹妹吗？
B 是，她是我妹妹。
A 她叫什么名字？
B 她叫京京。

3) A 你是留学生吗？
B 是，我是留学生。
A 你忙吗？
B 我不忙(我很忙)。你呢？
A 我也不忙(我也很忙)。

4) A 今天你高兴吗？
B 我很高兴。你呢？
A 我也很高兴。

2 1) A 你好！
B 你好！
A 我叫玛丽，你姓什么？
B 我姓刘，我叫刘京。你是留学生吗？
A 是，我是留学生。你是老师吗？
B 不，我不是老师，我也是学生。
A 认识你，很高兴。
B 认识你，我也很高兴。

2) A 他叫什么名字？
B 他叫刘京。

A 他身体好吗?
B 他身体很好。
A 他工作忙吗?
B 他不忙。

05

1 你叫什么名字?
我去商店。
你认识谁?
这是我妈妈的朋友。
王兰在哪儿?
他是王兰的哥哥。

2 1) A 王兰在哪儿?
B 她在教室。
A 你去教室吗?
B 不。我回宿舍。

2) A 你认识王林的妹妹吗?
B 我不认识。你呢?
A 我认识。
B 她叫什么名字?
A 她叫王兰。

3) A 你去商店吗?
B 去。
A 这个商店好吗?
B 这个商店很好。

3 1) 他是谁的老师?
2) 她姓什么?
3) 她叫什么名字?
4) 谁认识王林?
5) 王老师去哪儿?
6) 玛丽在哪儿?

06

1 你买什么?
今天是他的生日。

A 明天上午你做什么?
B 明天上午我在教室看书。

A 星期天下午你做什么?
B 星期天下午我看电视。

2 1) A 明天星期几?
B 明天星期四。
A 明天晚上你做什么?
B 我看电视。

2) A 这个星期六是几月几号?
B 这个星期六是9月30号。
A 你去商店吗?
B 我不去商店，我工作很忙。

3) A 这个星期天晚上你做什么?
B 我在宿舍看电视。你呢?
A 我去看电影。

3 1) 我的生日是3月14号。
2) 我明天上午看书。
我星期天晚上看电视。
我下午听音乐。
我今天晚上写信。
我星期六下午看电影。

07

1 1) 叫什么名字　2) 有几口人
3) 是学生　4) 学习汉语
5) 听音乐　6) 写信
7) 看电视

2 1) A 明天星期几?

B 明天星期四。
A 明天是几月几号?
B 明天是六月一号。

2) A 王老师家有几口人?
B 王老师家有四口人。
A 他有孩子吗?
B 他有孩子。
A 他有几个孩子?
B 他有一个孩子。

3 1) 我家有四口人，爸爸妈妈，哥哥和我。我爸爸是职员，他在银行工作。我妈妈是护士。他们都很忙。我哥哥是学生，我也是学生，我们不太忙。
2) 我在北京语言大学学习，我学习汉语。

08

1 我八点零五分(8:05)上课。
我四点三十五分(4:35)打网球。
我六点半(6:30)起床。
我七点一刻(7:15)吃早饭。
我十二点十分(12:10)睡觉。

2 1) A 你们几点上课?
B 我们八点上课。
A 你几点去教室?
B 我差一刻八点去教室。现在几点?
A 现在是七点半。

2) A 你几点吃午饭?
B 十二点半吃午饭。
A 你几点去食堂?
B 我十二点十分去食堂。

3 1) 我六点半起床。我七点吃早饭。
2) 我八点上课，十二点下课。十二点半吃午饭。
3) 我六点吃晚饭。十点睡觉。
4) 星期六我八点起床，十一点睡觉。

4 我早上六点半起床，七点半去食堂吃早饭，差一刻八点去教室，八点上课，我学习汉语。十二点半吃午饭。我下午在宿舍看书，听音乐，晚上看电视。

09

1 我和姐姐一起玩儿。
我和哥哥一起看电影。

我在家常常看电视。
我在宿舍常常听音乐。

哥哥在北京学习汉语。
我爸爸在银行工作。

我问老师几点上课。
王林问大夫什么时候回家。

我去书店买书。
我去商店买东西。

2 1) 我家在北京大学。宿舍在图书馆旁边。
2) 我住在3号楼，我的房间是109号。
3) 星期天我常常去商店。晚上我看书、听音乐。我不常写信。

3 1) 商店在学校旁边。
2) 谁认识王老师?
3) 我和哥哥一起听音乐。

4 我的朋友是留学生。他住在学校的留学生宿舍。他在北京语言大学学习汉语。他身体很好。他学习不太忙。这个星期天下午，我和他一起看电影。

10

1 1) 八号楼离九号楼不太远。
2) 食堂在宿舍旁边。
3) 邮局很近，往前走就是。
4) 今天晚上我不学习，回家看电视。
5) 我们去宿舍休息一下儿吧。
6) 这本书很好，你买不买?

2 1) 我哥哥在学校工作。（✓）
我哥哥工作在学校。（×）
2) 操场宿舍很近。（×）
操场离宿舍很近。（✓）
3) 我在食堂吃早饭。（✓）
我吃早饭在食堂。（×）
4) 他去银行早上八点半。（×）
他早上八点半去银行。（✓）

3 1) 刘京坐在我旁边。和子坐在我前边。
2) 玛丽住在我旁边的房间。
3) 邮局在北京饭店东边。银行在邮局前边。

복습 2

1 ① 一年有十二个月。一个月有四个星期。一个星期有七天。
② 今天5月19号。明天是星期天。星期天是5月20号。
③ 我家有四口人。爸爸妈妈、哥哥和我。我妈妈工作。我住在学生宿舍。我家离学校很远。

2 ① A 你好!
B 你好!
A 你身体好吗?
B 我身体很好!
A 你工作忙不忙?
B 我不忙! 你忙吗?
A 我也不忙。

② A 您贵姓?
B 我姓张。
A 你叫什么名字?
B 我叫张东。认识你很高兴!
A 认识你，我也很高兴!

• • •

A 他是谁?
B 我介绍一下，他是我朋友，张东。

③ A. 시각 묻기
A 5月6号是星期几?
B 5月6号是星期六。
A 你的生日是几月几号?
B 我的生日是10月25号。
A 你什么时候上课?
B 我明天上午十点上课。

B. 길 묻기
A 银行在哪儿?
B 在学校旁边。

• • •

A 请问，去百货大楼怎么走?
B 往前走。
A 离这儿远吗?
B 不太远。

C. 주소 묻기
A 你家在哪儿?
B 我家在北京饭店旁边。

• • •

A 你住哪儿?
B 我住留学生宿舍。
A 你住在多少号房间?
B 我住在109号房间。

D. 가족 관계 묻기

A 你家有几口人?

B 我家有四口人。

A 你家有什么人?

B 爸爸，妈妈，哥哥和我。

...

A 你有弟弟，妹妹吗?

B 我没有弟弟妹妹。

...

A 你姐姐做什么工作?

B 她是职员，她在银行工作。

11

1 6.54元：六元五角四分(六块五毛四)

10.05元：十元零五分(十块零五分)

2.30元：两元三角(两块三)

8.20元：八元两角(八块二)

42.52元：四十二元五角两分(四十二块五毛二)

1.32元：一元三角两分(一块三毛二)

9.06元：九元零六分(九块零六分)

57.04元：五十七元零四分(五十七块零四分)

100元：一百元(一百块)

24.9元：二十四元九角(二十四块九)

2 1) 你介绍介绍你的学校。

2) 你看看这本书，这本书很好。

3) 你可以听听英语电影。

4) 我学习学习汉语。

5) 今天是星期六，我在家休息休息。

6) 我们去天安门玩儿玩儿。

3 1) B 我姐姐不去书店了。

2) B 他明天不来上课了。

3) B 您还要别的吗?

4) B, B 这是两斤半，还买别的吗?

4 1) A 一瓶可乐多少钱?

B 一瓶可乐三块五毛钱。

2) A 您买什么?

B 我买苹果。

A 您要多少?

B 我买两斤。一斤橘子多少钱?

A 一斤橘子三块钱。还要别的吗?

B 不要了。

12

1 1) 我想买一瓶可乐。→ 你要几瓶可乐?

2) 我要买两件衣服。→ 你要买几件衣服?

3) 我家有五口人。→ 你家有几口人?

4) 两个苹果要五元六角。→ 两个苹果多少钱?

5) 这是六斤苹果。→ 这是几斤苹果?

6) 那个银行有二十五位职员。→ 那个银行有多少位职员?

7) 这课有十七个生词。→ 这课有多少个生词?

2 1) 这种太贵了，那种便宜，我买那种。

2) 我很忙，今天累极了，想休息休息。

3) 这件衣服不大也不小，你穿好极了。

4) 今天不上课，我们可以去看电影。

5) 明天星期天，我想去商店买一件毛衣。

3 1) A 你要吃苹果吗? (✓)

B 我要不吃苹果。(×) → 我不要吃苹果。

2) A 星期天你想去不去玩儿? (×)

→ 星期天你想不想去玩儿?

B 我想去。你想不想去? (✓)

3) A 请问，这儿能上不上网？（×）
→ 请问，这儿能不能上网？
B 不能，这儿没有网。（✓）

4) A 商店里人多吗？（✓）
B 商店里很多人。（×）→ 商店里人很多。

4 星期天上午，我在商店里买了一件毛衣，这件毛衣100块，不太贵。毛衣不大也不小，好极了。商店里还有别的两种毛衣，太贵了。

13

1 给你一本汉语书。
找你15块钱。
我要吃一点儿苹果。
我不会说英语。
你可以给他发短信。

2 1) 大卫在北京大学学习汉语。
2) 我去王府井，不知道在哪儿坐车。
3) 往前走，就是331路车站。
4) 请问，去商店怎么走？
5) 我家在北京师范大学，欢迎你来玩儿。

3 1) A 你会说汉语吗？
B 我会说一点儿。

2) A 一张票多少钱？
B 一张票四块钱。
A 给你十块。
B 找你六块钱。

3) A 现在晚上九点半了，他会来吗？
B 他不会来了。

4 1) 山下和子是哪国留学生？
2) 你有几个本子，几本书？
3) 谁认识大卫的妹妹？
4) 今天晚上你做什么？
5) 你在哪儿坐车？
6) 他爸爸的身体怎么样？

14

1 1) 明天我有课，今天不能玩儿(今天可以玩儿)。
2) 听说那个电影很好，我想去看。
3) 你会说汉语吗？
4) 这个本子不太好，可以换一个吗？
5) 现在我要上课，请你明天再来吧。

2 这个汉字我不会写，张老师说，我可以去问他。我想明天去。大卫说，张老师很忙，明天不要去，星期天再去吧。

3 1) 昨天我没给你发短信。
2) 他常常去食堂吃饭。
3) 昨天的生词很多。
4) 昨天我没去商店，明天我去商店。

4 1) A 昨天你去哪儿了？
B 我去朋友家了。
A 现在你去哪儿？
B 现在我回学校。

2) A 我们去商店，好吗？
B 好。你等一下儿，我去换件衣服。
A 好的。
B 这件衣服好吗？
A 很好，我们走吧。

15

1 我买了一本新书。
我可以帮你找找。
我买了一件毛衣，要去交钱。

2 1) 这台电脑是妹妹的。
2) 那本书是新的。
3) 这个照相机是大卫的。
4) 这个电影是美国的。

3 1) 我的钱用完了，我要去换钱。
2) 这个月的手机费你交了吗?
3) 我给玛丽打电话，没打通，明天再打。
4) 这种真好看，我也想买。

4 1) A 你找什么?
B 我在找我的书。
A 你的书是新的吗?
B 我的书不是新的。

2) A 你有明信片吗?
B 我没有。你有明信片吗?
A 有。
B 这个明信片是新出的吗?
A 对，是新出的。

3) A 这个照相机是谁的?
B 这个照相机是我的(这是我的照相机)。
A 这个照相机是新的吗?
B 对。你看，很新。

복습 3

1 ① 妈妈给我本子。
② 我给刘京一本词典。
③ 我给服务员钱。
④ 姐姐给我几张明信片。
⑤ 我给妹妹一个苹果。

2 ① 这本书生词不多。
② 我的词典不是新的。那本书是老师的。
③ 我会说汉语。我会写汉字。

3 ① A 你要买什么?
B 我要买苹果。
A 你要多少?
B 我要五斤。多少钱一斤?
A 三块钱一斤。还要别的吗?
B 不要了，在哪儿交钱?
A 在这儿交钱。一共15块。
B 给你20块。
A 找你5块钱。请数一数。
B 对了，谢谢。

② A 请问，这路车到北京大学吗?
B 到北京大学。
A 到北京大学还有几站?
B 还有5站。
A 一张票多少钱?
B 一张票一块。
A 买三张票。给你钱。

…

A 你去哪儿?
B 我去王府井。
A 你在哪儿上的车?
B 我在北海公园上的车。一张票多少钱?
A 一张票一块。
B 给你钱。

…

A 您好，请问去北京图书馆在哪儿换车?
B 在前面下车。
A 换几路车?
B 坐331路车，在图书馆下车就到了。

③ A 您好，这儿能换钱吗？
B 你带的什么钱？
A 美元。
B 换多少？
A 500美元。
B 请写一下儿钱数和名字。
A 写完了。能换多少钱？
B 3430.5元人民币。给您钱，请数数。
A 对了。谢谢。

16

1 1) 听说中国的杂技很有意思，我还没看过。
2) 昨天我去看了一个电影。这个电影很好。
3) 他不在，他去上课了。
4) 你看过中国的京剧吗？听说很好。
5) 你喝过这种酒吗？这种酒不太好喝。

2 1) 我去过中国。在中国的时候，我去过北京和上海。
2) 在中国，我给家里打过电话。
3) 昨天晚上我去商店买东西了，没看电视。
4) 我常常听录音，昨天也听录音了。

3 1) 我没找到那个本子。（√）
我没找到那个本子了。（×）
2) 你看过没有京剧？（×）
你看过京剧没有？（√）
3) 玛丽不去过那个书店。（×）
玛丽没去过那个书店。（√）
4) 我还没吃过午饭呢。（×）
我还没吃午饭呢。（√）

4 1) 我没找到那个本子。
2) 我没看过京剧。
3) 他没学过这个汉字。
4) 我没吃过这种菜。
5) 玛丽没去过那个书店。

17

1 1) 坐车 → 我们可以坐车去天安门。
2) 划船 → 我想去北海公园划船。
3) 骑车 → 明天不上课，我们骑车出去玩儿吧。
4) 演京剧 → 你看过他演京剧吗？
5) 拿书 → 我要去教室拿书。
6) 换钱 → 我的钱都花了，我要去银行换钱。
7) 穿毛衣 → 天冷了，我要穿毛衣。
8) 打电话 → 他在上课，不要给他打电话。

2 1) 大卫说：“你出来吧。”
玛丽说：“你进来吧。”
2) A 下楼来。
B 下楼去。

3 1) 你去北海公园还是去动物园？
2) 你看电影还是看杂技？
3) 你坐车去还是骑自行车去？
4) 你去机场还是他去机场？
5) 大卫今年回国还是明年回国？

18

1 1) 快要上课了，我们快走吧。
要上课了，我们快走吧。
八点就要上课了，我们快走吧。

2) 你再等等，他快要来了。

3) 李成日明天就要回国了，我们去看看他吧。
李成日明天要回国了，我们去看看他吧。
李成日快要回国了，我们去看看他吧。

4) 饭快要做好了，你们在这儿吃饭吧。
饭就要做好了，你们在这儿吃饭吧。
饭要做好了，你们在这儿吃饭吧。

2 1) A 这种橘子真好吃，你是在哪儿买的？
B 是在旁边的商店买的。

2) A 你给玛丽打电话了吗？
B 打了。我是昨天晚上打的。
A 她知道开车的时间了吗？
B 她昨天上午就知道了。
A 是谁告诉她的？
B 是刘京告诉她的。

3 1) 我是从韩国来的。我是坐飞机来的。
2) 我是想跟中国人交流(jiāoliú, 교류하다)学习汉语的。

19

1 1) 今天下午我要去机场接朋友。
2) 今天是王兰的生日，我们送她花吧。
3) 我要买两斤苹果，给你钱。
4) 我今天收到了妈妈给我写的信。
5) 今天太冷了，换一件衣服吧。

2 1) A 我坐过两次11路汽车。
2) A/B 她去过三次上海。她去过上海三次。
3) B 动物园我去过两次。
4) A 我哥哥的孩子吃过一次烤鸭。
5) B 你帮我拿一下儿。

3 1) 今天我一瓶啤酒也没喝。
2) 我一次动物园也没去过。
3) 在北京他一次自行车也没骑过。
4) 今天我一分钱也没带。
5) 他一个汉字也不认识。

4 1) 我没来过中国，这是第一次来。
2) 这本书有二十课，现在是第十九课。
3) 我一天上六节课，现在是第二节课。
4) 我们宿舍有六层，我住在五层。

5 1) 刘京 欢迎你来北京。
朋友 谢谢。
刘京 路上辛苦了，累了吧？
朋友 一点也不累，很顺利。
刘京 汽车在外边，我送你去饭店。下午我们去天安门，北海公园。晚上我请你吃烤鸭。
朋友 好的，谢谢你。

2) 我 你好，从北京来的火车为什么还没到？
服务员 你好，今天火车晚点了。
我 火车什么时候能到？
服务员 半个小时后就要到了。

20

1 今天我要去机场接朋友，我起得很早。
他要去上课，走得很快。
我们今天在公园玩儿得很高兴。
我在中国生活得很愉快。
今天很冷，我穿得很多。

2 1) 他洗衣服洗得很干净。

2) 我姐姐做鱼做得很好吃。
3) 小王开车开得很快。
4) 他划船划得很好。

3 1) A 你喜欢吃鱼吗？这鱼做得好吃吗？
B 这鱼做得很好吃。

2) A 今天的京剧演得好不好？
B 今天的京剧演得很好。

3) A 昨天晚上你几点睡的？
B 十二点。
A 你睡得太晚了。你早上起得也很晚吧？
B 不，我起得很早。

4 王兰、和子都在语言大学学习，她们是好朋友，像姐姐和妹妹一样。上星期我跟她们一起去北海公园玩儿。我给她们照相，照得很多，都照得很好。那天我们玩儿得很愉快。

5 1) 我今天起得很早，我是六点半起床的。我去教室也去得很早。今天睡得很晚。
2) 我汉语学得很好。我觉得有点儿难，可是很有意思。我每天学习两个小时。

복습 4

1 ① 带来了。
② 没寄来。
③ 出去了。
④ 买来了。

2 ① 我是从韩国来中国的。我是坐飞机来的。
② 我在北京大学上课。我不是骑自行车去上课的。
③ 我常常看电视。
④ 我们学校中国留学生很多。
⑤ 我去过长城，玩儿得很高兴。我照相了，照得很好。

3 ① A 我帮你拿书。
B 谢谢！
A 请你帮我打开门好吗？麻烦你了！
B 不客气。

② A 您好，张先生，欢迎您来我们公司。
B 谢谢。
A 路上辛苦了。路上顺利吗？
B 不辛苦，很顺利。
A 您是什么时候到北京的？
B 我是昨天晚上到的。

③ A 你喜欢喝什么酒？
B 我喜欢喝啤酒。
A 这里的饭菜很好吃，别客气，多吃点儿！
B 谢谢，我吃得很多。
A 再吃点儿吧！
B 不吃了，吃饱了。
A 来，为我们的友谊干杯！
B 干杯！

한어병음자모 배합표

	a	o	★e	i(-i)	u	ü	ai	ao	an	ang	ou	ong	★ei	★en	★eng	er	ia
b	ba	bo		bi	bu		bai	bao	ban	bang			bei	ben	beng		
p	pa	po		pi	pu		pai	pao	pan	pang	pou		pei	pen	peng		
m	ma	mo	me	mi	mu		mai	mao	man	mang	mou		mei	men	meng		
f	fa	fo			fu				fan	fang	fou		fei	fen	feng		
d	da		de	di	du		dai	dao	dan	dang	dou	dong	dei	den	deng		
t	ta		te	ti	tu		tai	tao	tan	tang	tou	tong			teng		
n	na		ne	ni	nu	nü	nai	nao	nan	nang	nou	nong	nei	nen	neng		
l	la		le	li	lu	lü	lai	lao	lan	lang	lou	long	lei		leng		lia
g	ga		ge		gu		gai	gao	gan	gang	gou	gong	gei	gen	geng		
k	ka		ke		ku		kai	kao	kan	kang	kou	kong	kei	ken	keng		
h	ha		he		hu		hai	hao	han	hang	hou	hong	hei	hen	heng		
j				ji		ju											jia
q				qi		qu											qia
x				xi		xu											xia
zh	zha		zhe	zhi	zhu		zhai	zhao	zhan	zhang	zhou	zhong	zhei	zhen	zheng		
ch	cha		che	chi	chu		chai	chao	chan	chang	chou	chong		chen	cheng		
sh	sha		she	shi	shu		shai	shao	shan	shang	shou		shei	shen	sheng		
r			re	ri	ru			rao	ran	rang	rou	rong		ren	reng		
z	za		ze	zi	zu		zai	zao	zan	zang	zou	zong	zei	zen	zeng		
c	ca		ce	ci	cu		cai	cao	can	cang	cou	cong		cen	ceng		
s	sa		se	si	su		sai	sao	san	sang	sou	song		sen	seng		
성모가 없을 때	a	o	e	yi	wu	yu	ai	ao	an	ang	ou		ei	en	eng	er	ya

운모 'ü'가 성모 'j', 'q', 'x'와 결합할 때 각각 'ju', 'qu', 'xu'로 표기한다.

'i'의 발음은 우리말 '으' 발음과 유사한데, 구강의 앞부분에서 발음하도록 한다.

운모 'i', 'u', 'ü'가 성모 없이 단독으로 쓰일 때 각각 'yi', 'wu', 'yu'로 표기한다.

★주의해야 할 발음

- 'e'가 성모와 결합할 때는 [ɑ]로 발음한다. 단, 'e'가 '了(le)'와 같이 경성으로 쓰일 때는 [ə]로 발음한다.
- 'ei'와 'e'는 [e]로 발음한다.
- 'en'과 'eng'의 'e'는 [ə]로 발음한다.

※ 감탄사에 나오는 음절(ng, hm, hng 등)은 생략함.

ie	iao	iou(iu)	ian	in	iang	ing	iong	ua	uo	uai	uan	uei(ui)	uen(un)	uang	ueng	üe	üan	ün
bie	biao		bian	bin		bing												
pie	piao		pian	pin		ping												
mie	miao	miu	mian	min		ming												
die	diao	diu	dian			ding			duo		duan	dui	dun					
tie	tiao		tian			ting			tuo		tuan	tui	tun					
nie	niao	niu	nian	nin	niang	ning			nuo		nuan					nüe		
lie	liao	liu	lian	lin	liang	ling			luo		luan		lun			lüe		
								gua	guo	guai	guan	gui	gun	guang				
								kua	kuo	kuai	kuan	kui	kun	kuang				
								hua	huo	huai	huan	hui	hun	huang				
jie	jiao	jiu	jian	jin	jiang	jing	jiong									jue	juan	jun
qie	qiao	qiu	qian	qin	qiang	qing	qiong									que	quan	qun
xie	xiao	xiu	xian	xin	xiang	xing	xiong									xue	xuan	xun
								zhua	zhuo	zhuai	zhuan	zhui	zhun	zhuang				
								chua	chuo	chuai	chuan	chui	chun	chuang				
								shua	shuo	shuai	shuan	shui	shun	shuang				
								rua	ruo		ruan	rui	run					
									zuo		zuan	zui	zun					
									cuo		cuan	cui	cun					
									suo		suan	sui	sun					
ye	yao	you	yan	yin	yang	ying	yong	wa	wo	wai	wan	wei	wen	wang	weng	yue	yuan	yun

'uei', 'uen'이 성모와 결합할 때 각각 'ui', 'un'으로 표기한다.

'ü'가 'j', 'q', 'x'와 결합할 때 'u'로 표기한다.

'iou'가 성모와 결합할 때 'iu'로 표기한다.

'i'가 음절의 첫 글자로 쓰일 때 'y'로 표기한다.

'ü'가 음절의 첫 글자로 쓰일 때 'yu'로 표기한다.

'u'가 음절의 첫 글자로 쓰일 때 'w'로 표기한다.

- 'ie'의 'e'는 [ɛ]로 발음한다.
- 'ian'의 'a'는 [æ] 혹은 [ɛ]로 발음한다.
- 'üan'의 'an'은 [æn]으로 발음한다.
- 'uei'의 'e'는 [e]로 발음한다.
- 'üe'의 'e'는 [ɛ]로 발음한다.

DVBOOK
- 다락원 홈페이지에서 MP3 파일 다운로드 및 실시간 재생 서비스
- 다락원 홈페이지에서 모바일·PC 기반 신개념 학습 전자책 DVBOOK 무료 제공

최신개정
301句로 끝내는 중국어회화 상

편저 康玉华 · 来思平
편역 최용철
펴낸이 정규도
펴낸곳 (주) 다락원

제1판 1쇄 발행 1999년 8월 18일
제2판 1쇄 발행 2004년 3월 1일
제3판 1쇄 발행 2006년 9월 1일
제4판 1쇄 발행 2017년 10월 10일
제4판 7쇄 발행 2024년 9월 13일

기획 · 편집 이원정, 이상윤
디자인 윤지은, 최영란
일러스트 박하
녹음 曹红梅, 朴龙君, 허강원

다락원 경기도 파주시 문발로 211
전화 (02)736-2031(내선 250~252/내선 430~437)
팩스 (02)732-2037
출판등록 1977년 9월 16일 제406-2008-000007호

ISBN 978-89-277-2216-8 18720
978-89-277-2215-1 (set)

www.darakwon.co.kr
다락원 홈페이지를 방문하시면 상세한 출판 정보와 함께 동영상 강좌, MP3 자료 등 다양한 어학 정보를 얻으실 수 있습니다.

최신개정

301句로 끝내는 중국어 회화 상

| 특별부록 | 받아쓰기 노트

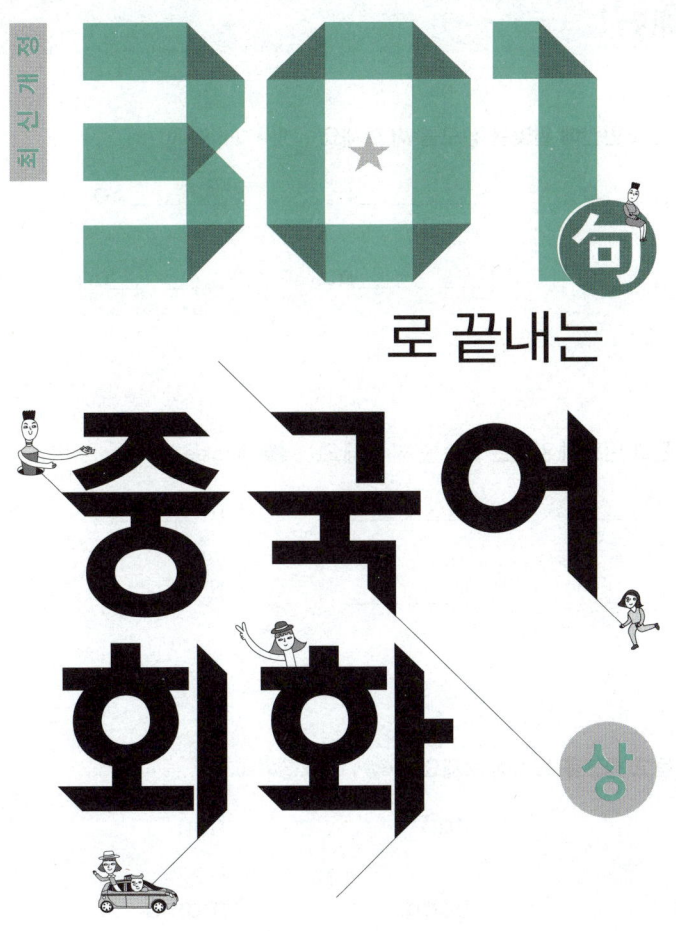

* 정답 및 녹음대본은 다락원 홈페이지 학습자료 코너에서 다운로드 할 수 있습니다.

다락원

01 你好!

STEP 1 녹음을 듣고 빈칸에 알맞은 성모를 써 보세요. tingxie 01-01

① ________a ② ________i ③ ________o ④ ________e

⑤ ________ai ⑥ ________ao ⑦ ________an ⑧ ________ang

STEP 2 녹음을 듣고 빈칸에 알맞은 운모를 써 보세요. tingxie 01-02

① d________ ② t________ ③ m________ ④ n________

⑤ b________ ⑥ k________ ⑦ h________ ⑧ l________

STEP 3 녹음을 듣고 성조를 표기해 보세요. tingxie 01-03

① ni ② hao ③ hen ④ ye

⑤ nin ⑥ baba ⑦ mama ⑧ dou

STEP 4 녹음을 듣고 빈칸에 알맞은 한어병음을 써 보세요. tingxie 01-04

A Nǐ hǎo ma?

B Wǒ hěn hǎo. ____________________

A Wǒ yě hěn hǎo.

02 你身体好吗?

STEP 1 녹음을 듣고 빈칸에 알맞은 성모를 써 보세요. tingxie 02-01

① ________ia ② ________ie ③ ________ian ④ ________ai

⑤ ________ong ⑥ ________ou ⑦ ________eng ⑧ ________e

STEP 2 녹음을 듣고 빈칸에 알맞은 운모를 써 보세요. tingxie 02-02

① x________ ② c________ ③ zh________ ④ q________

⑤ sh________ ⑥ j________ ⑦ z________ ⑧ ch________

STEP 3 녹음을 듣고 성조를 표기해 보세요. tingxie 02-03

① zao ② jiu ③ si ④ shi

⑤ shenti ⑥ zaijian ⑦ laoshi ⑧ xiexie

STEP 4 녹음을 듣고 빈칸에 알맞은 한어병음을 써 보세요. tingxie 02-04

A Nǐ zǎo!

B Nǐ zǎo!

A ________________________________

B Hěn hǎo. Xièxie!

03 你工作忙吗?

STEP 1 녹음을 듣고 빈칸에 알맞은 성모를 써 보세요. tingxie 03-01

① ________uan ② ________ui ③ ________uang ④ ________un

⑤ ________uo ⑥ ________ua ⑦ ________uai ⑧ ________uan

STEP 2 녹음을 듣고 빈칸에 알맞은 운모를 써 보세요. tingxie 03-02

① ch________ ② s________ ③ h________ ④ zh________

⑤ t________ ⑥ g________ ⑦ sh________ ⑧ k________

STEP 3 녹음을 듣고 성조를 표기해 보세요. tingxie 03-03

① mang ② yue ③ tai ④ lei

⑤ nian ⑥ gongzuo ⑦ mingtian ⑧ jinnian

STEP 4 녹음을 듣고 빈칸에 알맞은 한어병음을 써 보세요. tingxie 03-04

A Nǐ gōngzuò máng ma?

B Hěn máng, nǐ ne?

A ____________________________

04 您贵姓?

STEP 1 녹음을 듣고 단어의 한어병음과 뜻을 빈칸에 써 보세요. tingxie 04-01

① 叫			② 高兴		
③ 名字			④ 学生		
⑤ 姓			⑥ 什么		
⑦ 是			⑧ 这		

STEP 2 녹음을 듣고 빈칸에 알맞은 어휘를 써서 문장을 완성하세요. tingxie 04-02

① Tā xìng shénme?

她	姓			?

② Rènshi nǐ, wǒ hěn gāoxìng.

认	识	你	,	我	很			。

③ Nǐ jiào shénme míngzi?

你	叫	什	么			?

STEP 3 녹음을 듣고 주어진 뜻에 해당하는 문장을 중국어로 써 보세요. tingxie 04-03

① ______ 나는 왕씨입니다.

② ______ 당신의 성씨는 무엇입니까?

③ ______ 그녀는 선생님입니까?

05 我介绍一下儿

STEP 1 녹음을 듣고 단어의 한어병음과 뜻을 빈칸에 써 보세요. tingxie 05-01

① 去			② 谁		
③ 家			④ 教室		
⑤ 商店			⑥ 进		
⑦ 看			⑧ 听		

STEP 2 녹음을 듣고 빈칸에 알맞은 어휘를 써서 문장을 완성하세요. tingxie 05-02

① Wǒ jièshào yíxiàr.

我	介	绍				。

② Zhè shì wǒ gēge.

这	是	我			。

③ Nǐmen qù nǎr?

你	们	去			?

STEP 3 녹음을 듣고 주어진 뜻에 해당하는 문장을 중국어로 써 보세요. tingxie 05-03

① ______ 그는 누구입니까?

② ______ 우리는 상점에 갑니다.

③ ______ 장 선생님 집에 계십니까?

06 你的生日是几月几号?

STEP 1 녹음을 듣고 단어의 한어병음과 뜻을 빈칸에 써 보세요. tingxie 06-01

① 星期			② 几		
③ 做			④ 生日		
⑤ 晚上			⑥ 上午		
⑦ 下午			⑧ 昨天		

STEP 2 녹음을 듣고 빈칸에 알맞은 어휘를 써서 문장을 완성하세요. tingxie 06-02

① Jīntiān jǐ hào?

今	天	几		?

② Míngtiān xīngqīliù.

		星	期	六	。

③ Jīntiān bú shì xīngqīsì.

今	天			星	期	四	。

STEP 3 녹음을 듣고 주어진 뜻에 해당하는 문장을 중국어로 써 보세요. tingxie 06-03

① ____________________ 당신의 생일은 몇 월 며칠입니까?

② ____________________ 저녁에 당신은 무엇을 합니까?

③ ____________________ 나는 영화를 봅니다.

07 你家有几口人?

STEP 1 녹음을 듣고 단어의 한어병음과 뜻을 빈칸에 써 보세요. tingxie 07-01

① 有			② 学习		
③ 两			④ 汉语		
⑤ 手机			⑥ 下课		
⑦ 口			⑧ 上课		

STEP 2 녹음을 듣고 빈칸에 알맞은 어휘를 써서 문장을 완성하세요. tingxie 07-02

① Nǐ jiā yǒu jǐ kǒu rén?

你	家	有				?

② Nǐ jiā yǒu shénme rén?

你	家	有				?

③ Nǐ jiā yǒu shéi?

你	家	有		?

STEP 3 녹음을 듣고 주어진 뜻에 해당하는 문장을 중국어로 써 보세요. tingxie 07-03

① ____________ 그는 영어를 공부합니다.

② ____________ 아빠, 엄마, 그리고 남동생이 한 명 있습니다.

③ ____________ 그녀는 선생님입니다.

08 现在几点?

STEP 1 녹음을 듣고 주어진 뜻에 해당하는 단어를 중국어로 써 보세요. tingxie 08-01

①	②	③	④
명 지금	양 시	양 분	동 먹다

⑤	⑥	⑦	⑧
동 모자라다	양 15분	명 밥	명 시각, 때

STEP 2 녹음을 듣고 빈칸에 알맞은 어휘를 써서 문장을 완성하세요. tingxie 08-02

① Xiànzài jǐ diǎn?

现	在		点	?

② Chà yí kè bā diǎn qù.

差			八	点	去	。

③ Wǒmen shénme shíhou qù?

我	们					去	?

STEP 3 녹음을 듣고 주어진 뜻에 해당하는 문장을 중국어로 써 보세요. tingxie 08-03

① 지금 7시 25분입니다.

② 나는 밥을 먹으러 갑니다.

③ 당신은 몇 시에 일어납니까?

09 你住在哪儿?

STEP 1 녹음을 듣고 주어진 뜻에 해당하는 단어를 중국어로 써 보세요. tingxie 09-01

①	②	③	④
대 얼마, 몇	동 놀다	명 방	동 알다

⑤	⑥	⑦	⑧
명 학교	동 묻다	부 함께, 같이	명 길

STEP 2 녹음을 듣고 빈칸에 알맞은 어휘를 써서 문장을 완성하세요. tingxie 09-02

① Wǒ zhù zài liúxuéshēng sùshè.

我			留	学	生	宿	舍	。

② Huānyíng nǐ qù wánr.

		你	去	玩	儿	。

③ Wǒ qù wèn tā.

我			她	。

STEP 3 녹음을 듣고 주어진 뜻에 해당하는 문장을 중국어로 써 보세요. tingxie 09-03

① ________ 몇 동입니까?

② ________ 당신의 집은 어디입니까?

③ ________ 우리 함께 갑시다.

10 邮局在哪儿?

STEP 1 녹음을 듣고 주어진 뜻에 해당하는 단어를 중국어로 써 보세요. tingxie 10-01

①	②	③	④
동 앉다, 타다	명 앞쪽	형 멀다	명 곳, 장소

⑤	⑥	⑦	⑧
개 ~에서, ~로부터	부 곧, 바로	대 어떻게, 왜	동 가다, 걷다

STEP 2 녹음을 듣고 빈칸에 알맞은 어휘를 써서 문장을 완성하세요. tingxie 10-02

① Zài yóujú pángbiān.

在	邮	局			。

② Lí zhèr yuǎn bu yuǎn?

离	这	儿				?

③ Qǐngwèn zài nǎr zuò chē?

		在	哪	儿	坐	车	?

STEP 3 녹음을 듣고 주어진 뜻에 해당하는 문장을 중국어로 써 보세요. tingxie 10-03

① ______ 우체국은 어디에 있습니까?

② ______ 그다지 멀지 않습니다.

③ ______ 백화점은 어디에 있습니까?

11 我要买橘子

STEP 1 녹음을 듣고 주어진 뜻에 해당하는 단어를 중국어로 써 보세요. tingxie 11-01

①	②	③	④
동 맛보다	개 근 [무게 단위]	형 비싸다	명 돈

⑤	⑥	⑦	⑧
동 마시다	동 조동 원하다, ~하려고 하다	부 아직, 여전히	양 종류

STEP 2 녹음을 듣고 빈칸에 알맞은 어휘를 써서 문장을 완성하고, 해석해 보세요. tingxie 11-02

① ______ 钱一斤？

해석 ______

② 你 ______ 买什么？

해석 ______

③ ______ 贵 ______。

해석 ______

STEP 3 녹음을 듣고 주어진 뜻에 해당하는 문장을 중국어로 써 보세요. tingxie 11-03

① ______ 무엇을 원하십니까?

② ______ 나는 귤을 사려고 합니다.

③ ______ 맛 좀 보세요.

12 我想买毛衣

STEP 1 녹음을 듣고 주어진 뜻에 해당하는 단어를 중국어로 써 보세요. tingxie 12-01

①	②	③	④
조동 ~할 수 있다, ~해도 좋다	형 춥다	동 조동 생각하다, ~하고 싶다	양 벌, 개

⑤	⑥	⑦	⑧
대 어떻다, 어떠하다	동 시험삼아 해 보다	매우	부 다시

STEP 2 녹음을 듣고 빈칸에 알맞은 어휘를 써서 문장을 완성하고, 해석해 보세요. tingxie 12-02

① 这件衣服可以 ______ 吗?

해석 ______

② 这件毛衣 ______ 大也 ______ 小。

해석 ______

③ 这件 ______ 短 ______ 。

해석 ______

STEP 3 녹음을 듣고 주어진 뜻에 해당하는 문장을 중국어로 써 보세요. tingxie 12-03

① ______ 날씨가 추워졌습니다.

② ______ 일요일에 가는 게 어떻습니까?

③ ______ 저 스웨터를 좀 볼게요.

13 要换车

STEP 1 녹음을 듣고 주어진 뜻에 해당하는 단어를 중국어로 써 보세요. tingxie 13-01

①	②	③	④
명 나라	동 바꾸다	명 표, 티켓	명 정류장, 역

⑤	⑥	⑦	⑧
동 도착하다	동 알다, 이해하다	동 개 주다, ~에게	동 말하다

STEP 2 녹음을 듣고 빈칸에 알맞은 어휘를 써서 문장을 완성하고, 해석해 보세요. tingxie 13-02

① 在哪儿 ______ ?

해석 ______

② 多少 ______ 一张?

해석 ______

③ 天安门 ______ 了。

해석 ______

STEP 3 녹음을 듣고 주어진 뜻에 해당하는 문장을 중국어로 써 보세요. tingxie 13-03

① ______ 이 버스는 톈안먼에 갑니까?

② ______ 5위안 드리겠습니다.

③ ______ 여러분은 중국어를 할 줄 압니까?

14 我要去换钱

STEP 1 녹음을 듣고 주어진 뜻에 해당하는 단어를 중국어로 써 보세요. tingxie 14-01

①	②	③	④
형 빠르다	수 백, 100	동 지니다, 가지다	명 호텔

⑤	⑥	⑦	⑧
대 이렇게	동 듣자 하니	명 시간	조동 ~할 수 있다

STEP 2 녹음을 듣고 빈칸에 알맞은 어휘를 써서 문장을 완성하고, 해석해 보세요. tingxie 14-02

① 这儿 ______ 换钱?

해석 ______

② 这样写， ______ ?

해석 ______

③ 请您在这儿 ______ 钱数。

해석 ______

STEP 3 녹음을 듣고 주어진 뜻에 해당하는 문장을 중국어로 써 보세요. tingxie 14-03

① ______ 한번 세어 보세요.

② ______ 돈을 다 써서, 나는 돈이 없습니다.

③ ______ 시간이 늦었으니 우리 빨리 갑시다!

15 我要照张相

STEP 1 녹음을 듣고 주어진 뜻에 해당하는 단어를 중국어로 써 보세요. tingxie 15-01

①	②	③	④
부 정말, 참으로	사진을 찍다	형 통하다	동 돕다

⑤	⑥	⑦	⑧
형 새롭다	동 고르다	형 보기 좋다, 예쁘다	휴대전화를 끄다

STEP 2 녹음을 듣고 빈칸에 알맞은 어휘를 써서 문장을 완성하고, 해석해 보세요. tingxie 15-02

① 我的手机 ______ 了。

해석 ______

② ______ ，她关机了。

해석 ______

③ ______ 别的吗？

해석 ______

STEP 3 녹음을 듣고 주어진 뜻에 해당하는 문장을 중국어로 써 보세요. tingxie 15-03

① ______ 나는 음료수를 좀 사러 갈게요.

② ______ 그 꽃은 정말 예쁩니다.

③ ______ 나를 도와 몇 가지 골라 주세요.

16 你看过京剧吗?

STEP 1 녹음을 듣고 주어진 뜻에 해당하는 단어를 중국어로 써 보세요. tingxie 16-01

①	②	③	④
부 물론, 당연히	명 일	조동 ~해야 한다	동 말하다, 알리다

⑤	⑥	⑦	⑧
조 ~한 적이 있다	명 경극	동 공연하다	명 이후

STEP 2 녹음을 듣고 주어진 단어를 어순에 맞게 배열한 후, 해석해 보세요. tingxie 16-02

① 有　听说　很　意思

➡

해석 ______

② 票　告诉　以后　买到　我

➡

해석 ______

③ 的　北京　烤鸭　是　名菜　听说

➡

해석 ______

STEP 3 녹음을 듣고 주어진 뜻에 해당하는 문장을 중국어로 써 보세요. tingxie 16-03

① ______ 그럼 우리 토요일에 보러 가는 게 어때요?

② ______ 경극을 본 적이 있습니까?

③ ______ 나는 28일 저녁에 괜찮은데, 당신은요?

17 去动物园

STEP 1 녹음을 듣고 주어진 뜻에 해당하는 단어를 중국어로 써 보세요. tingxie 17-01

①	②	③	④
접 또는, 아니면	동 배우다	명 작년	동명 시험 보다, 시험

⑤	⑥	⑦	⑧
명 자전거	동 타다	개 ~와/과	명 날씨

STEP 2 녹음을 듣고 주어진 단어를 어순에 맞게 배열한 후, 해석해 보세요. tingxie 17-02

① 他　学　在这儿　过　汉语　去年

➡

해석 ______

② 他　上午　下午　到　还是　到

➡

해석 ______

③ 出去　我们　玩儿　吧　玩儿

➡

해석 ______

STEP 3 녹음을 듣고 주어진 뜻에 해당하는 문장을 중국어로 써 보세요. tingxie 17-03

① ______ 내일 오후에 수업이 없습니다.

② ______ 자전거를 타고 갑시다.

③ ______ 나는 지난주에 가 봤으니, 다른 곳에 갑시다.

18 路上辛苦了

STEP 1 녹음을 듣고 주어진 뜻에 해당하는 단어를 중국어로 써 보세요. tingxie 18-01

①	②	③	④
형 고생스럽다	명 회사	명 비행기	부 먼저

⑤	⑥	⑦	⑧
동 연착하다	부 아마, 대개	왜, 어째서	개 ~로부터

STEP 2 녹음을 듣고 주어진 단어를 어순에 맞게 배열한 후, 해석해 보세요. tingxie 18-02

① 大概　到　三点半　能

➡

해석 ____________________

② 在　飞机　上海　现在

➡

해석 ____________________

③ 接　你们　来　我　感谢

➡

해석 ____________________

STEP 3 녹음을 듣고 주어진 뜻에 해당하는 문장을 중국어로 써 보세요. tingxie 18-03

① ____________________ 언제쯤 도착할 수 있습니까?

② ____________________ 도쿄발 비행기가 도착했습니까?

③ ____________________ 우리는 여기서 당신을 기다릴게요.

19 欢迎你

STEP 1 녹음을 듣고 주어진 뜻에 해당하는 단어를 중국어로 써 보세요. tingxie 19-01

①	②	③	④
명 사장, 책임자	형 예의를 차리다	부 ~할 필요 없다	형 순조롭다

⑤	⑥	⑦	⑧
명 밖, 바깥	형 덥다, 뜨겁다	동 귀찮게 하다	동 배웅하다

STEP 2 녹음을 듣고 주어진 단어를 어순에 맞게 배열한 후, 해석해 보세요. tingxie 19-02

① 一次　您　吗　第　中国　来

➡

해석

② 中国　以前　过　我　两次　来

➡

해석

③ 辛苦　别　了　路上　客气

➡

해석

STEP 3 녹음을 듣고 주어진 뜻에 해당하는 문장을 중국어로 써 보세요. tingxie 19-03

① 조금도 피곤하지 않습니다.

② 호텔까지 모셔다 드리겠습니다.

③ 시간 있으십니까?

20 为我们的友谊干杯!

STEP 1 녹음을 듣고 주어진 뜻에 해당하는 단어를 중국어로 써 보세요. tingxie 20-01

①	②	③	④
형 유쾌하다, 기쁘다	명 우정	형 건강하다	형 배부르다

⑤	⑥	⑦	⑧
형 같다	형 맛있다	동명 생활하다, 생활	동 좋아하다

STEP 2 녹음을 듣고 주어진 단어를 어순에 맞게 배열한 후, 해석해 보세요. tingxie 20-02

① 好吃　鱼　这个　得　做　真

➡

해석 ____________________

② 会　你　很　日本菜　听说　做

➡

해석 ____________________

③ 这　怎么样　过　得　两天

➡

해석 ____________________

STEP 3 녹음을 듣고 주어진 뜻에 해당하는 문장을 중국어로 써 보세요. tingxie 20-03

① ____________________ 어떤 술을 좋아하십니까?

② ____________________ 나는 배불러요. 여러분 천천히 드세요.

③ ____________________ 우리의 우정을 위해 건배합시다!

최신개정

301句로 끝내는 중국어 회화 상

| 특별부록 | 간체자쓰기 노트

다락원

Q

중국에서 사용하는 한자와 우리나라에서 사용하는 한자가 왜 다르죠?

A

현재 중국이 공식 문자로 채택하여 사용하고 있는 것은 '간체자(简体字)'라고 하는 간화된 한자예요. 이에 반해 우리나라에서 쓰고 있는 한자는 정자(正字)로, 간체자와 구분하여 번체자(繁体字)라고 하죠. 문맹률을 낮추고 교육의 보급화를 실현시키기 위해, 중국 정부는 1949년 건국과 동시에 한자 간략화 작업을 진행했어요.

그 결과 1956년 중화인민공화국 국무원에서 〈한자간화방안(汉字简化方案)〉을 공포하고, 1964년에 중국문자개혁위원회에서 2,236개의 간체자가 수록된 〈간화자총표(简化字总表)〉를 공표함으로써 공식 문자로 채택하여 사용하고 있어요.

한자의 간화는 주로 한자의 획수를 축소하는 데 주안점을 두고 있는데, 예를 들어 '중국'은 번체자로는 '中國'으로, 간체자로는 '中国'로 표기해요.

中國	中国
번체자	간체자

1 주요 간체자 대조표

번체자	戶	訁	車	長	靑	頁	飛	馬	鳥	黃	齒	龜
간체자	户	讠	车	长	青	页	飞	马	鸟	黄	齿	龟

번체자	見	貝	釒	門	韋	風	飠	魚	麥	齊	龍	豐
간체자	见	贝	钅	门	韦	风	饣	鱼	麦	齐	龙	丰

2 간체자 제작 원리

❶ 전체 윤곽만 남긴다. 예 氣→气, 廣→广
❷ 옛 글자(古字)를 차용한다. 예 雲→云, 網→网
❸ 속자를 차용한다. 예 國→国, 頭→头
❹ 글자의 일부분만 남긴다. 예 開→开, 習→习
❺ 부분 편방을 줄이거나 생략한다. 예 標→标, 競→竟
❻ 형성자에서는 간단한 성부(聲部)를 사용한다. 예 運→运, 護→护
❼ 필획이 간단한 같은 음의 글자로 대체한다. 예 裡→里, 乾→干
❽ 글자의 복잡한 부분을 간단한 부호로 바꾼다. 예 難→难, 鷄→鸡
❾ 초서(草書)를 해서(楷書)화 한다. 예 書→书, 樂→乐
❿ 필획이 적은 회의자로 대체한다. 예 塵→尘, 筆→笔

3 간체자 쓰기 규칙

필순 규칙			예	필순
기본 규칙		가로획을 먼저 쓰고 세로획을 쓴다 (先横后竖)	十	一 十
		삐침을 먼저 쓰고 파임을 쓴다 (先撇后捺)	人	丿 人
		위에서 아래로 쓴다 (从上到下)	怎	ノ 𠂉 乍 乍 乍 乍 怎 怎 怎
		왼쪽에서 오른쪽으로 쓴다 (从左到右)	什	ノ 亻 仁 什
		밖에서 안으로 쓴다 (先外后里)	月	丿 冂 月 月
		밖에서 안으로 쓰고 막는다 (先外后里再封口)	日	丨 冂 日 日
		중간을 먼저 쓰고 양쪽을 쓴다 (先中间后两边)	小	亅 小 小
보충 규칙	점이 있는 글자	점이 가운데나 왼쪽 위에 있으면 점을 먼저 쓴다 (点在正上及左上先写点)	衣	丶 亠 𠫓 衣 衣 衣
		점이 오른쪽 위에 있으면 점을 나중에 쓴다 (点在右上后写点)	书	乛 马 书 书
		글자 안에 점이 있으면 점을 나중에 쓴다 (点在里面后写点)	为	丶 丿 为 为
	두 면이 둘러싼 글자	오른쪽 위부터 둘러싼 글자는 밖에서 안으로 쓴다 (右上包围结构，先外后里)	司	𠃌 司 司 司 司
		왼쪽 위부터 둘러싼 글자는 밖에서 안으로 쓴다 (左上包围结构，先外后里)	原	一 厂 厂 厂 历 盾 盾 原 原 原
		왼쪽 아래를 둘러싼 글자는 안에서 밖으로 쓴다 (左下包围结构，先里后外)	近	一 厂 斤 斤 䜣 䜣 近
	세 면이 둘러싼 글자	위가 열린 글자는 안에서 밖으로 쓴다 (缺口朝上的，先里后外)	击	一 二 丰 击 击
		아래가 열린 글자는 밖에서 안으로 쓴다 (缺口朝下的，先外后里)	内	丨 冂 内 内
		오른쪽이 열린 글자는 위에서 아래로 쓰고 다시 오른쪽 아래를 쓴다 (缺口朝右的，先上后下再右下)	医	一 匚 匚 匚 匠 医 医

01 你好! 안녕하세요!

你
nǐ
너, 당신

你

丿 亻 亻' 亻' 价 你 你

好
hǎo
좋다

好

ㄑ 女 女 女' 好 好

吗
ma
의문을 나타냄

吗

丨 口 口 口' 吗 吗

我
wǒ
나

我

一 二 于 手 我 我 我

很
hěn
매우

很

丿 彳 彳 彳' 彳' 彳' 很 很 很

也
yě
~도, 역시

也

㇆ ㇆ 也

她
tā
그녀

她

㇛ 女 女 女 女 她

都
dōu
모두

都

一 十 土 耂 耂 者 者 者 都 都

来
lái
오다

来

一 丆 丷 亚 平 来 来

妈
mā
어머니, 엄마

妈

㇛ 女 女 女 妈 妈

02 你身体好吗? 건강은 어떻습니까?

早 zǎo 이르다

早

丨 冂 日 日 旦 早

身 shēn 몸, 신체

身

丿 丨 亻 自 自 自 身

体 tǐ 몸, 신체

体

丿 亻 仁 什 什 休 体

谢 xiè 감사하다

谢

丶 讠 讠 讠 讠 讠 讠 讠 讠 谢 谢 谢

再 zài 다시

再

一 厂 冂 丙 再 再

见
jiàn
보다, 만나다

见

丨 冂 贝 见

老
lǎo
낡은, 오래된

老

一 十 土 耂 老 老

您
nín
당신

您

丿 亻 亻 亻 你 你 你 你 您 您 您

号
hào
일, 날

号

丨 冂 口 旦 号

天
tiān
하루, 날, 하늘

天

一 二 チ 天

03 你工作忙吗? 일이 바쁩니까?

作
zuò
만들다, 일하다

作

丿 亻 亻' 亻⺊ 作 作 作

忙
máng
바쁘다

忙

丶 丷 忄 忄' 忙 忙

不
bù
아니다

不

一 丆 不 不

累
lèi
피곤하다

累

丨 冂 冃 田 田 罒 罒 累 累 累 累

哥
gē
형, 오빠

哥

一 丁 可 可 可 哥 哥 哥 哥 哥

弟
dì
남동생

弟

丶 丷 丬 当 弓 弟 弟

妹
mèi
여동생

妹

𡿨 女 女 女 女 奸 妹 妹

月
yuè
달, 월

月

丿 刀 月 月

明
míng
내일의, 내년의, 밝다

明

丨 冂 月 日 明 明 明 明

今
jīn
현재, 지금

今

丿 人 亼 今

04 您贵姓? 당신의 성씨는 무엇입니까?

叫
jiào
부르다

叫

丨 口 口 叫 叫

高
gāo
높다

高

丶 亠 亣 亣 亩 亩 高 高 高 高

贵
guì
귀하다, 귀중하다

贵

丨 口 口 中 虫 虫 青 贵 贵

姓
xìng
성, 성씨

姓

ㄑ 女 女 女 女 妌 姓 姓

名
míng
이름

名

丿 夕 夕 夕 名 名

字
zì
문자, 글자

字

丶 丷 宀 字 字 字

是
shì
~이다

是

丨 冂 日 日 旦 早 早 是 是

学
xué
배우다

学

丶 丷 ⺍ ⺍ 学 学 学 学

那
nà
저, 그, 저것, 그것

那

𠃌 刀 刃 月 那 那

这
zhè
이, 이것

这

丶 亠 亠 文 文 这 这

05 我介绍一下儿 제가 소개해 드리겠습니다

谁
shéi
누구

谁

' i i' i亻 讠 讠亻 讠' 讠亻 讠隹 谁

绍
shào
소개하다

绍

ㄥ 乡 纟 纟 纫 纫 绍 绍

去
qù
가다

去

一 十 土 去 去

哪
nǎ
어디

哪

丨 ㄇ 口 叮 叮 叼 哪 哪 哪

在
zài
~에 있다, ~에서

在

一 ナ 十 存 在 在

家
jiā
집

家

丶 丷 宀 宀 宁 宇 宇 家 家 家

的
de
~의

的

丿 亻 白 白 白 的 的 的

请
qǐng
청하다

请

丶 讠 讠 讠 访 详 详 请 请 请

进
jìn
들어오다

进

一 二 卄 井 井 讲 进

大
dà
크다

大

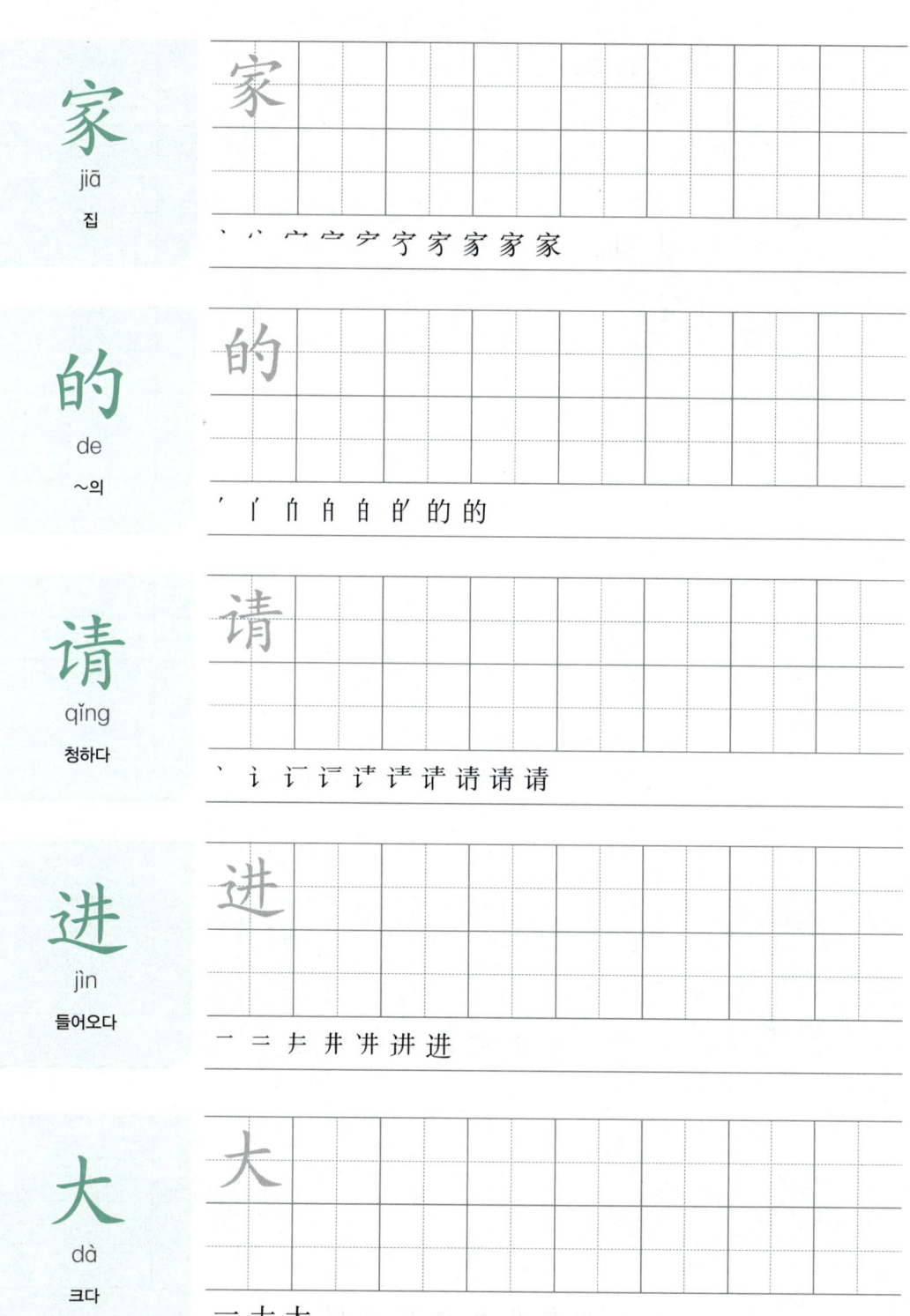

一 ナ 大

06 你的生日是几月几号? 당신의 생일은 몇 월 며칠입니까?

几
jǐ
몇

丿 几

星
xīng
별

丨 冂 冃 日 旦 早 昰 星 星

期
qī
시기

一 十 卄 廾 甘 其 其 其 期 期 期 期

晚
wǎn
저녁, 늦다

丨 冂 日 日 旷 旷 旷 晗 晗 晚 晚

做
zuò
하다

丿 亻 仁 什 仕 估 估 做 做 做 做

生
shēng
낳다, 태어나다

生

丿 𠂉 𠂉 牛 生

书
shū
책

书

乛 马 书 书

电
diàn
전기

电

丨 冂 日 日 电

买
mǎi
사다

买

乛 乛 乛 乛 买 买

岁
suì
살, 세

岁

丨 山 山 岁 岁 岁

07 你家有几口人? 당신의 가족은 몇 명입니까?

有
yǒu
있다

有

一 ナ 广 冇 有 有

和
hé
~와/과

和

一 二 千 禾 禾 利 和 和

结
jié
맺다, 결합하다

结

纟 纟 纟 纩 纤 纡 结 结 结

婚
hūn
결혼하다

婚

ㄑ 女 女 女' 妒 妒 妒 妒 婚 婚 婚

没
méi
~않다, 없다

没

丶 冫 氵 氵 沪 没 没

孩
hái
아이

孩

㇇ 了 子 孑 孓 孖 孩 孩 孩

两
liǎng
둘, 2

两

一 丅 冂 丙 丙 两 两

语
yǔ
말, 언어

语

丶 讠 讠 订 订 语 语 语 语

韩
Hán
대한민국

韩

一 十 𠂇 古 吉 直 直 卓 卓 韦 韩 韩

网
wǎng
인터넷, 그물

网

丨 冂 冂 冈 网 网

08 现在几点? 지금 몇 시입니까?

现
xiàn
현재, 지금

现

一 二 Ŧ 王 玑 玑 珋 现

点
diǎn
시

点

丨 ⺊ 占 占 占 卢 点 点 点

分
fēn
분

分

丿 八 分 分

差
chà
모자라다

差

丶 丷 亠 兰 兰 差 差 差 差

吃
chī
먹다

吃

丨 口 口 口' 口𠂉 吃

饭
fàn
밥

饭

丿 ⺈ 饣 饣 饤 饭 饭

时
shí
시각, 때

时

丨 冂 月 日 旷 时 时

半
bàn
반, 30분

半

丶 丷 䒑 兰 半

起
qǐ
일어나다

起

一 十 土 丰 丰 走 走 起 起 起

食
shí
먹다

食

丿 人 𠆢 今 今 今 食 食 食

09 你住在哪儿? 당신은 어디에 삽니까?

多
duō
많다

多

丿 ク 夕 多 多 多

少
shǎo
적다

少

丨 小 小 少

房
fáng
집, 방

房

丶 亠 彐 户 户 戸 房 房

间
jiān
방, 중간

间

丶 门 门 问 间 间 间

玩
wán
놀다

玩

一 二 千 王 王 𤣩 玗 玩

常
chánɡ
항상, 자주

常

丨 丬 丷 ⺌ 尚 尚 尚 尚 尚 尚 常

路
lù
길

路

丨 口 口 𠯑 𠯑 𠯑 𧾷 𧾷 䟕 跢 跢 路 路

知
zhī
알다

知

丿 𠂉 𠂉 矢 矢 知 知 知

问
wèn
묻다

问

丶 丨 门 问 问 问

店
diàn
상점, 가게

店

丶 亠 广 广 庐 庐 店 店

10 邮局在哪儿? 우체국이 어디에 있습니까?

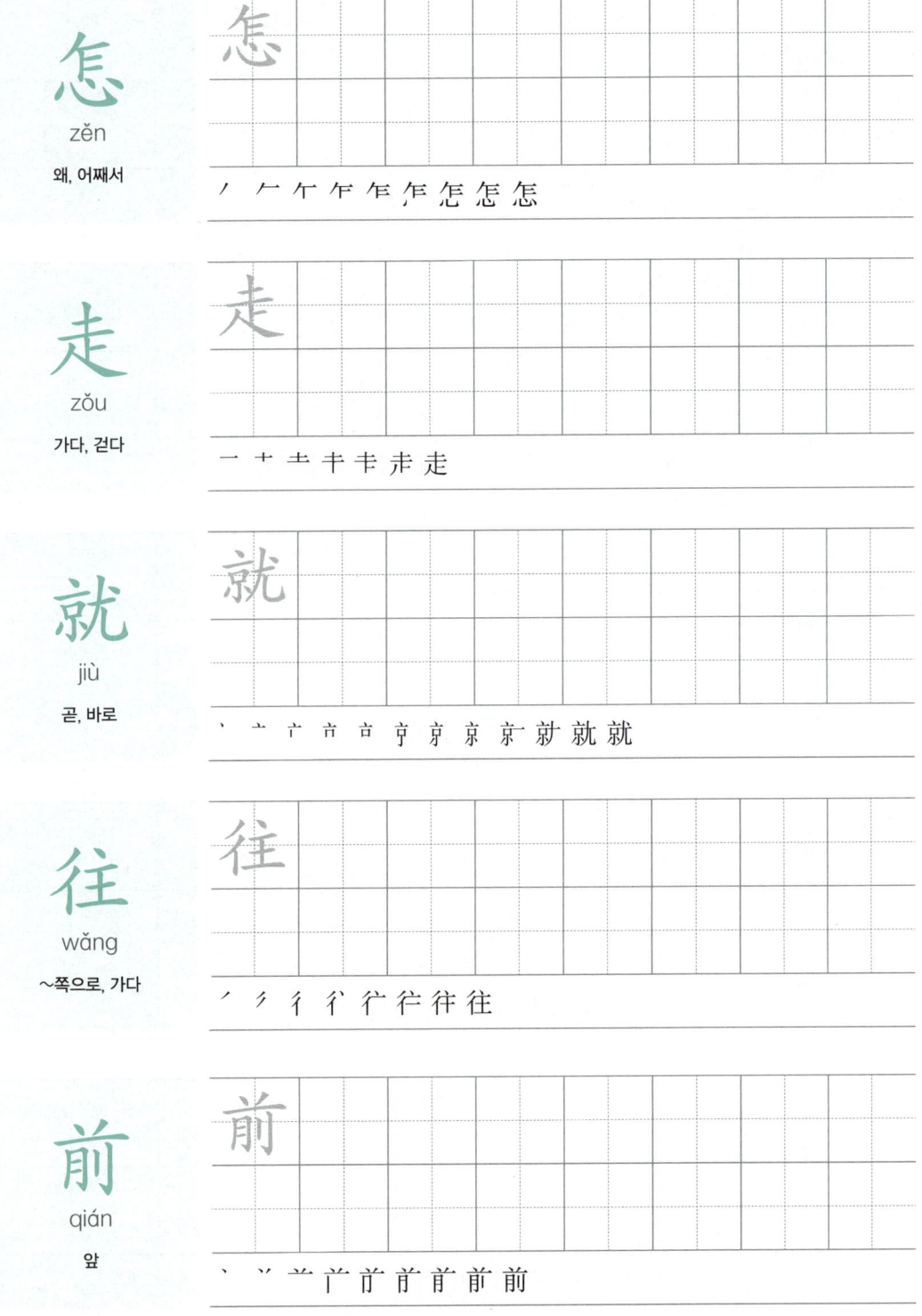

怎
zěn
왜, 어째서

怎

丿 𠂉 𠂊 乍 乍 乍 怎 怎 怎

走
zǒu
가다, 걷다

走

一 十 土 丰 丰 走 走

就
jiù
곧, 바로

就

丶 亠 亠 亡 古 亨 京 京 京 就 就 就

往
wǎng
~쪽으로, 가다

往

丿 彡 彳 彳 彳 往 往 往

前
qián
앞

前

丶 丷 䒑 产 首 前 前 前 前

离
lí
~에서, ~로부터

离

丶 亠 文 文 卤 卤 卤 离 离 离

远
yuǎn
멀다

远

一 二 亍 元 `元 `元 远

坐
zuò
앉다, 타다

坐

丿 人 人丿 从 丛 坐 坐

车
chē
자동차

车

一 七 车 车

货
huò
물품, 상품

货

丿 亻 亻 化 化 华 货 货

11 我要买橘子 나는 귤을 사려고 합니다

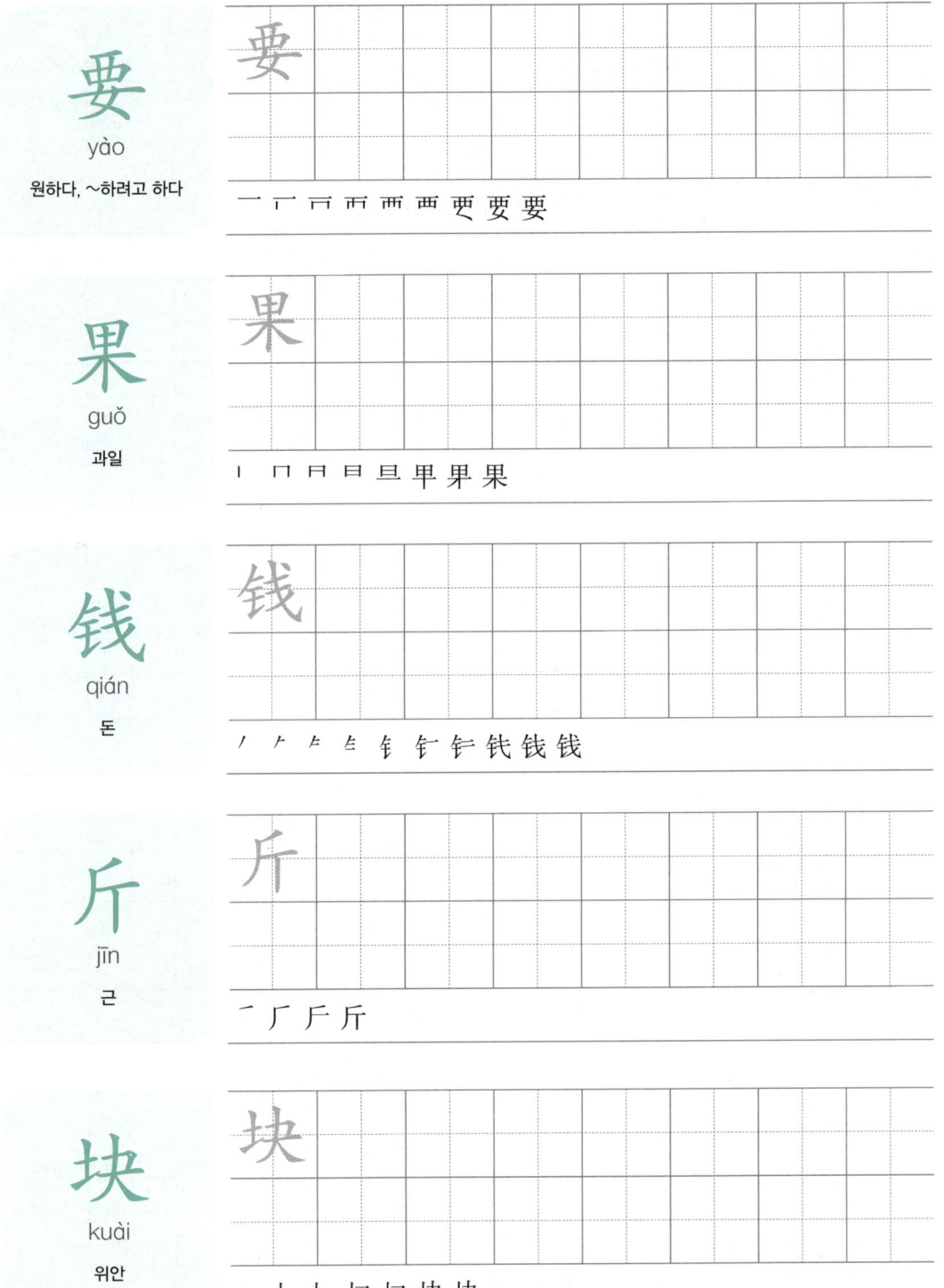

要 yào 원하다, ~하려고 하다

要

一 冂 币 襾 襾 覀 要 要 要

果 guǒ 과일

果

丨 冂 日 日 旦 甲 果 果

钱 qián 돈

钱

丿 𠂉 𠂉 乍 钅 钅 钅 钱 钱 钱

斤 jīn 근

斤

丆 厂 斤 斤

块 kuài 위안

块

一 十 土 圵 坕 块 块

毛 máo 마오

毛

一 二 三 毛

还 hái 아직, 여전히

还

一 丆 不 不 不 还 还

别 bié 구별하다, 구분하다

别

丨 冂 口 号 另 别 别

喝 hē 마시다

喝

丨 口 口 口丨 口口 口日 口日 口目 喝 喝 喝 喝

发 fā 보내다, 부치다

发

乛 ナ 方 发 发

12 我想买毛衣 나는 스웨터를 사고 싶습니다

冷
lěng
춥다

冷

丶 冫 冫 冫 冷 冷 冷

想
xiǎng
생각하다

想

一 十 才 木 札 相 相 相 相 相 想 想 想

件
jiàn
벌, 개

件

丿 亻 亻 仁 仵 件

衣
yī
옷

衣

丶 亠 ナ 衣 衣 衣

可
kě
~할 수 있다

可

一 丁 亓 可 可

以
yǐ
~으로써

以

㇄ ㇄ 以 以

试
shì
시험하다

试

丶 讠 讠 讠 讠 讠 试 试

极
jí
극히, 매우

极

一 十 木 木 木 极 极

姐
jiě
언니, 누나

姐

㇛ 女 女 如 如 如 姐 姐

长
cháng
길다

长

丿 二 长 长

13 要换车 차를 갈아타야 합니다

到
dào
도착하다

到

一 𠀀 𠫔 至 至 至 到 到

给
gěi
주다, ~에게

给

𠃋 纟 纟 纟 纟 纱 给 给 给

站
zhàn
정류장, 역

站

丶 亠 亠 立 立 站 站 站 站 站

会
huì
~을 잘하다

会

丿 人 亼 亼 会 会

说
shuō
말하다

说

丶 讠 讠 讠 讠 说 说 说 说

换

huàn

바꾸다

一 亅 扌 扌 扩 扩 换 换 换 换

票

piào

표

一 冖 冂 襾 襾 覀 覀 覀 票 票 票

找

zhǎo

찾다

一 亅 扌 扌 扌 找 找

国

guó

나라

丨 冂 冂 冂 冂 囯 国 国

本

běn

권

一 十 才 木 本

14 我要去换钱 나는 환전하러 가려고 합니다

花 huā 쓰다, 소비하다

花

一 十 卄 艹 艹 花 花

听 tīng 듣다

听

丨 口 口 口 叮 听 听

里 li 안

里

丨 口 日 日 甲 里 里

能 néng ~할 수 있다

能

厶 厶 亼 台 台 肯 能 能 能 能

带 dài 지니다, 가지다

带

一 十 卄 卅 卅 卅 带 带 带

快
kuài
빠르다

快

丶 丷 忄 忄 忄 快 快

业
yè
종사하다

业

丨 ‖ 业 业 业

样
yàng
모양, 모습

样

一 十 才 木 杧 杧 栏 栏 栏 样

汉
Hàn
중국어

汉

丶 冫 氵 汈 汉

等
děng
기다리다

等

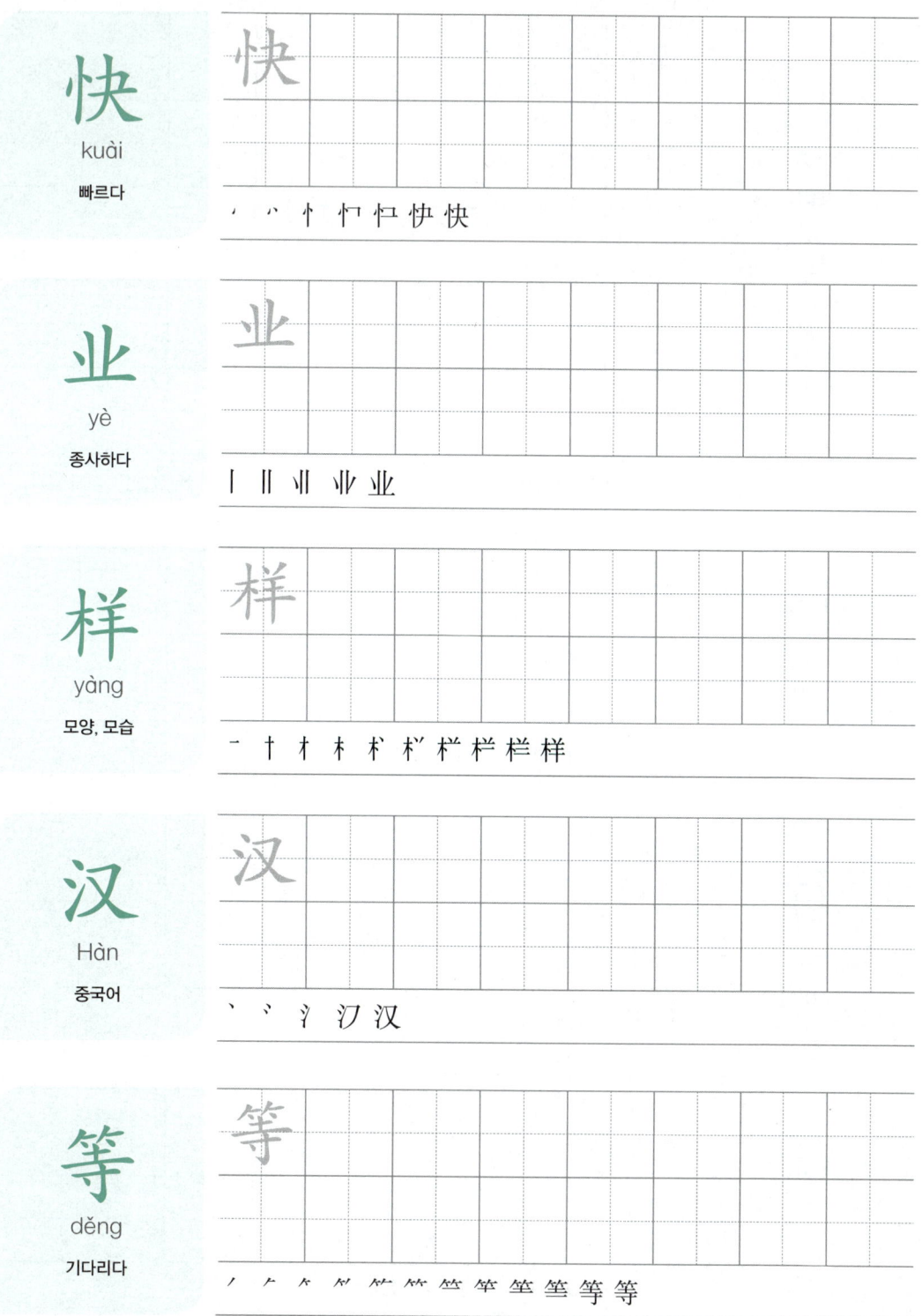

丿 𠂉 ⺮ ⺮ ⺮ ⺮ 竺 竺 笙 笙 等 等

15 我要照张相 나는 사진을 찍으려고 합니다

新 xīn 새롭다

新

丶 亠 亣 立 立 辛 辛 亲 亲 新 新 新 新

出 chū 나가다, 나오다

出

乚 凵 中 出 出

信 xìn 편지, 서신

信

丿 亻 亻 亻 仁 信 信 信 信

片 piàn 조각, 판

片

丿 丿 片 片

帮 bāng 돕다

帮

一 二 三 丰 邦 邦 邦 帮 帮

打
dǎ
치다, 걸다

一 亅 扌 扌 打

机
jī
기계

一 十 才 木 机 机

真
zhēn
정말

一 十 冇 冇 有 有 直 直 真 真

照
zhào
찍다

丨 冂 日 日 旫 昭 昭 昭 昭 照 照 照 照

拿
ná
가지다

丿 人 亼 亼 合 合 盒 盒 盒 拿

16 你看过京剧吗? 당신은 경극을 본 적이 있습니까?

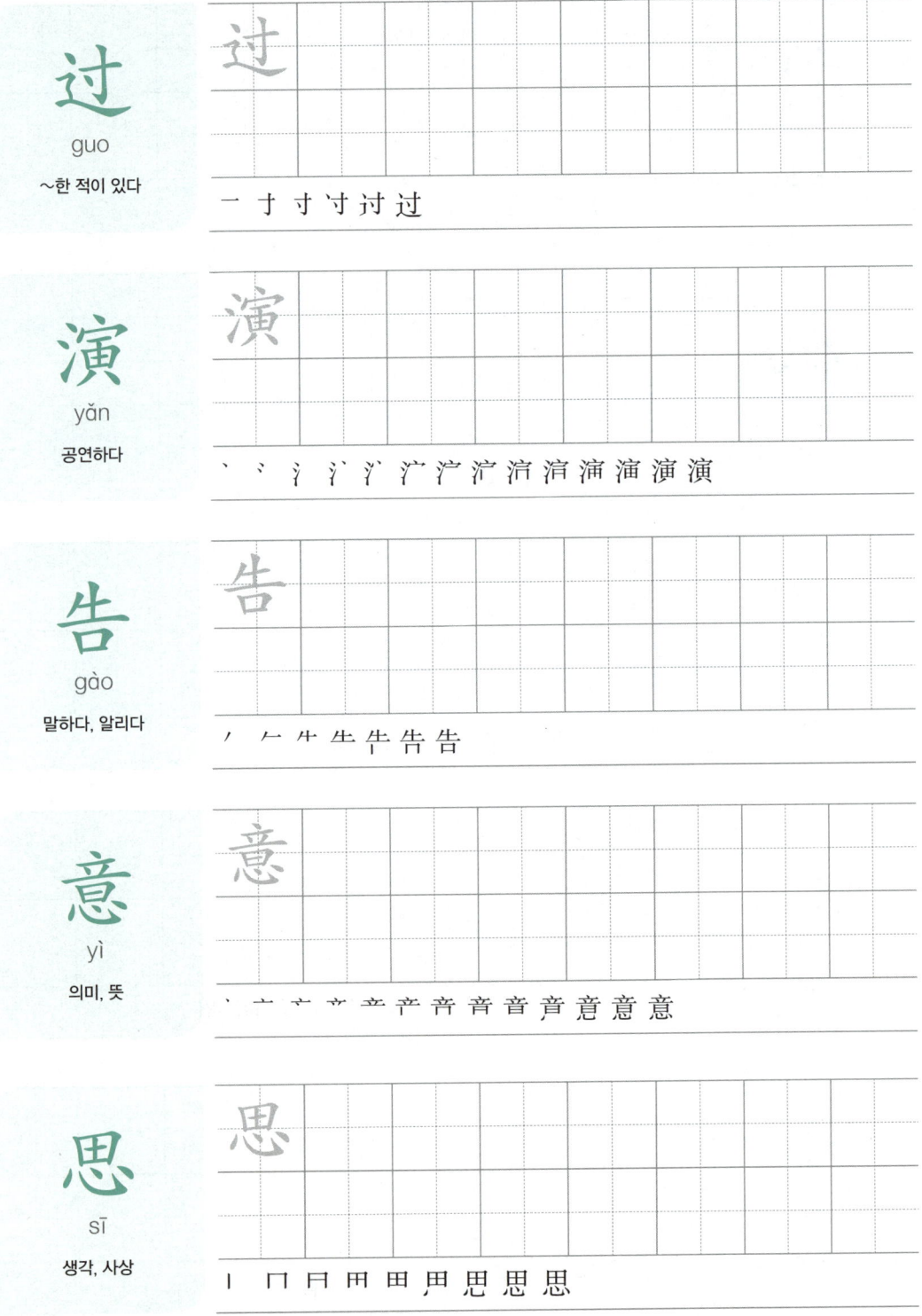

过
guo
~한 적이 있다

一 寸 寸 寸 讨 过

演
yǎn
공연하다

丶 丶 氵 氵 氵 氵 泞 泞 淙 淙 演 演 演 演

告
gào
말하다, 알리다

丿 ⺈ 𠂉 生 牛 告 告

意
yì
의미, 뜻

丶 亠 亠 立 产 产 音 音 音 音 意 意 意

思
sī
생각, 사상

丨 冂 日 田 田 思 思 思 思

事
shì
일

事

一 𠃍 𠂤 亖 亖 亖 亖 事

酒
jiǔ
술

酒

丶 丶 氵 汀 汀 沂 沔 洒 酒 酒

茶
chá
차

茶

一 十 艹 艾 艾 苓 苓 茶 茶

菜
cài
요리, 채소

菜

一 十 艹 艹 芏 芏 苎 苎 苹 莱 菜

收
shōu
받다

收

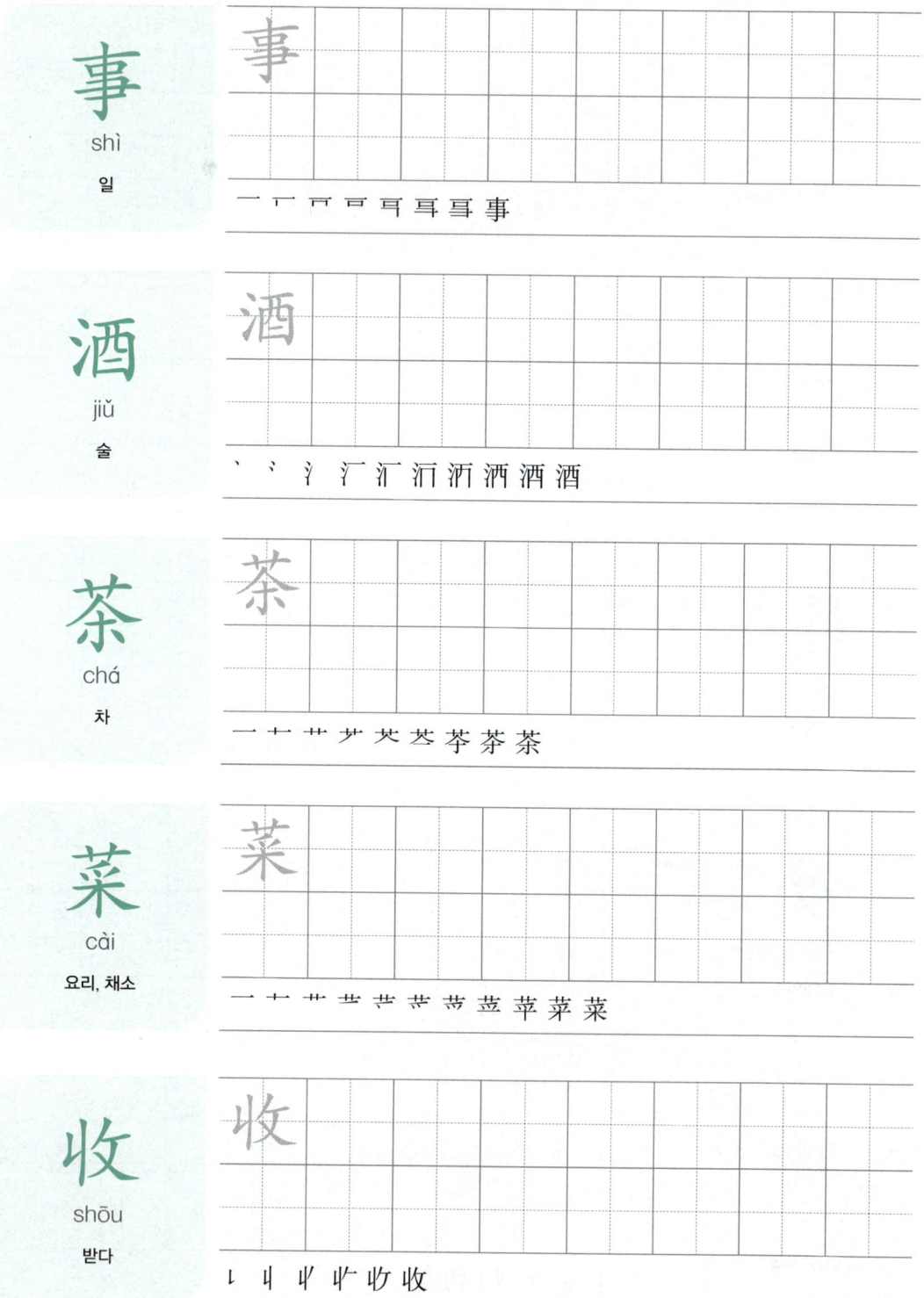

丨 丩 丩 丩 收 收

17 去动物园 동물원에 갑니다

骑 qí 타다

骑

㇆ 马 马 马 马 马 马 马 骑 骑 骑

自 zì 스스로

自

丿 亻 白 白 自 自

跟 gēn ~와/과

跟

丨 口 口 早 早 足 足 跟 跟 跟 跟 跟 跟

动 dòng 움직이다

动

一 二 云 云 动 动

物 wù 물건, 사물

物

丿 𠂉 牛 牛 牜 物 物 物

接

jiē

맞이하다

接

一 扌 扌 扌 扌 扌 扌 扌 接 接 接

考

kǎo

시험 보다

考

一 十 土 耂 耂 考

地

dì

육지, 땅

地

一 十 土 圴 圵 地

铁

tiě

쇠, 철

铁

丿 𠂉 𠂉 𠂉 钅 钅 钅 钅 铁 铁

最

zuì

가장

最

丨 冂 日 日 旦 早 早 早 早 早 最 最

18 路上辛苦了 오시느라 고생하셨습니다

从 cóng
~로부터

从

丿 人 从 从

飞 fēi
날다

飞

乁 飞 飞

先 xiān
먼저

先

丿 𠂉 𠂒 生 ⺧ 先

服 fú
맡다, 담당하다

服

丿 刀 月 月 ⺼ 肜 服 服

员 yuán
사람, 구성원

员

丨 冂 口 ⺆ 吕 员 员

感
gǎn
느끼다, 생각하다

感

一 厂 厂 厂 后 后 咸 咸 咸 咸 感 感 感

公
gōng
공통의, 공동의

公

丿 八 公 公

司
sī
담당하다

司

𠃌 ㇆ 司 司 司

啤
pí
맥주

啤

丨 口 口 口' 叩 叩 咱 咱 啤 啤 啤

租
zū
세내다

租

一 二 千 千 禾 利 和 和 租 租

19 欢迎你 환영합니다

客 kè 손님

客

丶 丷 宀 宀 夕 安 客 客 客

第 dì 순서, 차례

第

丿 𠂉 𥫗 𥫗 竺 竺 笃 笃 笃 第 第

翻 fān 번역하다, 통역하다

翻

一 ㄱ 立 立 平 平 采 采 番 番 番 番 翻 翻 翻 翻 翻 翻

外 wài 밖, 바깥

外

丿 ク 夕 夕 外

送 sòng 배웅하다

送

丶 丷 丷 兰 关 关 关 送 送

麻
má
삼, 마

麻

丶 亠 广 广 庁 庥 庥 庥 麻 麻 麻

烦
fán
귀찮다, 번거롭다

烦

丶 丷 火 火 灬 灬 灬 炻 烦 烦

热
rè
덥다, 뜨겁다

热

一 十 扌 扌 执 执 执 执 热 热

慢
màn
느리다

慢

丶 丷 忄 忄 忄 悍 悍 悍 悍 悍 慢 慢 慢 慢

钟
zhōng
시각, 시간

钟

丿 𠂉 𠂉 𠂉 钅 钆 钔 钔 钟

20 为我们的友谊干杯! 우리의 우정을 위해 건배합시다!

得
de
구조조사

得

丿 彳 彳 彳 彳 彳 彳 彳 彳 得 得

喜
xǐ
좋아하다

喜

一 十 士 吉 吉 吉 吉 吉 壴 壴 喜 喜

欢
huān
즐겁다, 기쁘다

欢

フ ヌ 欢 欢 欢 欢

友
yǒu
벗, 친구

友

一 ナ 方 友

像
xiàng
같다, 비슷하다

像

丿 亻 亻 亻 亻 亻 亻 亻 亻 亻 像 像 像

健
jiàn
건강하다

健

丿 亻 亻㇇ 亻⺕ 亻⺕ 亻⺕ 亻⺕ 亻聿 亻聿 健

康
kāng
건강하다

康

丶 亠 广 户 户 庐 庚 庚 康 康 康

饺
jiǎo
만두

饺

丿 𠂊 饣 饣 饣 饣 饣 饺 饺

活
huó
살다

活

丶 丶 氵 氵 氵 汗 汗 活 活

睡
shuì
잠자다

睡

丨 冂 冂 月 目 目 目 盱 盱 盱 睡 睡 睡